Lean Manu...

La Evolución Te...lógica del Lean

MW00619526

GUIA PRACTICA SOBRE LA CORRECTA UTILIZA-
CIÓN DE TECNOLOGÍA EN PROYECTOS LEAN
KANBAN, 5S, TPM, KAIZEN, VSM, 6SIGMA, SMED
OEE, HOSHIN KANRI, GEMBA, JIT, TPS, PDCA ...

Sebastián J. Brau

s.brau@LeanManufacturing40.com

Página web del Libro:
www.LeanManufacturing40.com

Gestión Global de Recursos S.L.
C/ José M. Mulet Ortiz n.16
Castellón, Spain - Postal-Code 12006

Información sobre pedidos:
Se dispone de descuentos especiales para compras al por mayor por parte de corporaciones, asociaciones y otros. Para más detalles, póngase en contacto con el "departamento de ventas especiales" a la dirección anterior.

Lean Manufacturing 4.0 / Sebastián J. Brau. —1st ed.
ISBN 978-84-617-4477-0

Contenido

i

Dedico este libro a los héroes anónimos que a diario trabajan en nuestras fábricas para hacerlas más eficientes. Ellos son en mi opinión la última línea de defensa de los derechos y valores de Occidente. Y del éxito de su misión depende que nuestra industria sobreviva a un lado y otro del Atlántico o caiga a los pies de los gigantes Asiáticos, llevándose con ella la riqueza de nuestras sociedades y el modo de vida social e igualitario con el que Occidente ha inspirado al mundo en la última era.

"El hombre cumple la voluntad del cielo cuando se esfuerza en perfeccionarse a sí mismo"

CONFUCIO

Qué Encontrarás en el Libro y cómo está Estructurado para que le saques el máximo Rendimiento

Durante 20 años de oficio dedicado al Lean Manufacturing, he tenido la suerte de trabajar con algunos de los mayores gurús de nuestra profesión en multitud de proyectos por medio mundo . Y lo primero que una mente despierta aprende de ellos, es que el secreto del Lean no está tanto en la teoría que construye cada pieza de su concepto, como en la inteligencia y la pericia que se desarrolla con los años para poner estas técnicas en marcha sin crear CONFLICTOS en la planta y sobre todo de un modo SOSTENIBLE en el tiempo para los distintos tipos de industrias.

Ese es el conocimiento que me gustaría transmitir en este libro.

De manera que, si estuvieras buscando un manual sobre definiciones y teoría de Lean Manufacturing, me temo que este no es el libro que buscas.

En mi opinión, ya hay suficientes libros y tratados sobre las teorías del Lean Manufacturing. Y mi intención no es desde luego que éste sea uno más de ellos.

Mi objetivo es explicarte en detalle como poner en práctica las diversas técnicas de la manufactura esbelta en una fábrica, pero desde un punto de vista práctico y utilizando en cada punto toda la tecnología disponible para hacer que las implantaciones Lean sean más FACILES y más SOSTENIBLES.

Que puedas implantar KANBAN, 5S, TPM, KAIZEN, 6SIGMA, SMED, GEMBA, HOSHIN KANRI, VSM o JIT utilizando tecnología en cada punto, pero también explicándote métodos, enfoques e incluso "trucos" que puedas llevarte a la fábrica el lunes y poner en práctica rápido. Compartir contigo mis experiencias en todos estos años, para contarte qué enfoques si me funcionaron bien en la práctica, cuáles no y porqué.

Para ello, verás que los capítulos de este libro están organizados en 3 bloques:

1.-CONCEPTO.
Concepto o metodología lean a tratar en el tema.

2.-PROBLEMAS
Problemas que surgen en la planta para implementarlo.

3.-SOLUCIONES

Soluciones y tecnologías aplicables a los problemas descritos, cuales he visto funcionar en mis años de experiencia y cuales NO. Junto con las razones por las que cuando fracasan creo que lo hacen.

La mayoría de mis años de profesión, los he desarrollado en la compañía de software para Lean Manufacturing - iLEAN. Y es por eso que en algunos de los ejemplos, utilizaré pantallas del propio software iLEAN para explicarte como implementar el tipo de solución que considero óptima.

Pero, por favor, no te quedes con lo que hace la herramienta en si, porque eso no es lo importante. Lo realmente valioso de cada capítulo o ejemplo es la mejora en el método Lean que la tecnología genera y el enfoque práctico sobre cómo poner esa función LEAN en marcha en la planta. En cualquier caso, verás siempre que la esencia del concepto es perfectamente implementable incluso en papel e igualmente daría beneficios en tu fábrica mañana mismo si lo implementaras así.

Por último, decirte que disfruto mucho intercambiando experiencias con otros compañeros del mundo del Lean. Ciertamente pienso que la gente del Lean y nuestra labor en el día a día de nuestras fábricas, es una de las pocas esperanzas que tienen nuestras sociedades occidentales de sobrevivir a la globalización de los mercados industriales sin perder nuestra propia esencia y valores en el intento.

Opino que, de lo bien que hagamos nuestro trabajo, dependen buena parte de las posibilidades reales que tienen las fábricas donde trabajamos de alcanzar los niveles de eficiencia y productividad que les permitan competir con los mercados asiáticos de mano de obra barata, sin tener que convertirnos de hecho … en mercados de mano de obra barata a base de empobrecernos nosotros.

No soy economista, pero como ingeniero sí sé qué es un sistema de vasos comunicantes, o que es lo que le pasa al vaso cuando ya ha "trasvasado" todo su líquido. Y en Occidente existe un "trasvase" descomunal de nuestra riqueza, por valor de trillones de dólares cada año en forma de manufacturas que se exportan de Oriente a Occidente y donde la única respuesta de nuestro mundo parece ser cerrar nuestras fábricas y aceptar el trato.

Con esta postura, más allá del momento o la causa puntual de las crisis económicas que ahora sobrevienen a Occidente y que le vendrán en el futuro, el problema de base seguirá siendo el abandono del campo de batalla que hemos hecho en nuestras fábricas.

En manos de los técnicos del LEAN está demostrarle a nuestro sector industrial que SI se puede competir y difundir nuestro conocimiento para que se extienda tanto como podamos.

Yo desde luego voy a hacerlo, publicando mis ideas en libros como este y también de manera individual tratando de contestar a los compañeros que me escribáis sobre temas de lean manufacturing en los que tengáis dudas o dificultades.

Mi email es s.brau@LeanManufacturing40.com y para mi será un placer ayudarte si está en mi mano.

CAPITULO 2

¿Por qué Buscar una Nueva manera de Manejar Nuestras Fábricas?

Concepto

Como en todos los ámbitos del trabajo, de la empresa o incluso de la vida, la tecnología es un factor muy importante. Y el Lean Manufacturing no es la excepción. Sin embargo, por una de aquellas ironías de la vida, en las fábricas hay un nivel de utilización de la tecnología muy bajo en determinados puntos y este factor lastra la aplicación de la metodología Lean para mejorar la eficiencia de la planta.

La razón por la que probablemente existe este escenario, es porque cuando 25 años atrás llegaron de manera masiva los ERPs a la empresa, la gran promesa de estos softwares corporativos era que se iba a incluir la producción dentro del sistema único que controlaría la empresa. Hasta ese momento, en las empresas se habían implantado gran cantidad de aplicaciones software para los departamentos de contabilidad, finanzas y administración. Y ahora los ERP proponían una filosofía nueva de dato único que significaba que todos los departamentos de la empresa estarían perfectamente comunicados y la información generada estaría disponible para cada uno de ellos. Todo eso afectaba a la planificación de las compras, al aprovisionamiento, a la disposición de recursos, etc. Pero, sobre todo y ante todo, implicaba la integración de los departamentos de producción dentro del sistema corporativo.

Las ventajas teóricas de esta filosofía sobre el papel eran apabullantes y con esa promesa los ERPs se hicieron omnipresentes en el mercado durante la primera década de los 2000..

Sin embargo, por diversas razones estos proyectos empiezan a fracasar, sobre todo cuando llegan a la parte de producción, y especialmente en algunas industrias, esta situación se reproduce de manera generalizada. En algunos sectores muy automatizados, con procesos continuos o management sencillo, los ERPs llegan eventualmente a implantarse con un mínimo nivel de control sobre la fábrica y cubren el expediente.

Pero en otras industrias, entre las que por ejemplo está la del procesado de alimentos, los ERP se quedaron absolutamente fuera de la planta por los corsés que trataron de imponer sobre ella, y sobre todo, por su incapacidad para manejar los detalles en el día a día de la eficiencia de la fábrica. Esto dejó un hueco de control enorme en el mercado, para industrias que movían grandes volúmenes en todo el planeta y requerían gran flexibilidad para su control por el uso común de materiales reprocesados, cambios de componentes en caliente, etc.,

En los sectores donde se llegó a implantar un control de la producción con el ERP, se hizo a un nivel que yo llamo "alámbrico" de control. Esto es, se controlaba al menos los patrones de los elaborados, las órdenes de producción, los materiales utilizados en ellas y los productos resultantes de cada una. A ese nivel, hubo una cierta cantidad de empresas que llegaron a implementar su ERP y controlar esa mínima cantidad de información, pero manteniéndola al menos de manera uniforme. Alcanzando un control básico de su información primaria de planta. Pero ¿y todo lo demás? ¿El control de las operaciones, el Kaizen, el GEMBA, Kanban, TPM, 6 Sigma, el Just in Time, el SMED, la monitorización del trabajo del personal? Todo eso que tiene que ver con el Lean Manufacturing se quedó absolutamente fuera del ERP porque estos sistemas simplemente no tenían esta metodología entre sus funciones.

Mientras, sin embargo, el Lean empezaba a calar en el mundo industrial. La gente de las fábricas empezaba a dedicarle toda su atención a esta nueva metodología porque sabían que era clave para alcanzar cotas adecuadas de eficiencia y productividad. Y es por esa razón que cuanto más profesional era el equipo que dirigía la planta mayor era la desconexión entre los departamentos de Sistemas de Información y Producción. De esta manera, para este control básico de la producción, algunas empresas sacaron cierto rendimiento al ERP. Pero cuando la prioridad del grupo era el Lean Manufacturing, o cuando los managers de producción tenían como objetivo controlar todos los aspectos de la planta desde un mismo sistema, estas aplicaciones se quedaban siempre cortas en sus funciones y obligaron al equipo a manejar buena parte de sus controles por fuera del ERP, en hojas de Excel o aplicaciones a medida.

Esta circunstancia se escondió a menudo a la dirección general de la empresa, ya que no olvidemos que al final, el hecho de que producción entrara a trabajar en el mismo sistema software que el resto de la empresa era la mayor de las razones por las que la mayoría de los CEOs aprobaron cambiar sus antiguos sistemas de contabilidad o facturación por el ERP.

El hecho de que producción no se adaptara a la implantación del ERP, y quedara fuera del sistema generaba una gran tensión. El haber invertido en un proyecto costosísimo como el ERP tenía sentido sólo si producción quedaba dentro del sistema, no fuera de él y manteniendo sus papeles u hojas de Excel, pero sobre todo, no fuera del control "integral" de toda la corporación que el ERP promulgaba.

En muchas organizaciones se buscaron otros modelos de software ERP, porque pensaron que el problema residía en una mala elección del sistema que hubieran comprado. Pero a menudo, con el nuevo sistema volvían a tener los mismos problemas en producción, porque el problema estaba en el concepto de los ERP manejando el dato de "arriba hacia abajo" y no en el sistema elegido. Esos múltiples intentos provocaron tensiones entre los distintos departamentos de las empresas, al tratar de aplicar una herramienta en la planta que no estaba hecha para ese ámbito y que requería otro enfoque. Y la reincidencia en el fracaso dejó cicatrices visibles en la mayoría de las empresas del mundo entre el departamento de TI y Producción u Operaciones. Ése es el escenario.

Problemas

Mi opinión es que el problema base de los ERP en planta reside en la raíz de su construcción. Reflejado en la misma base por el uso del ratón y el teclado que claramente no están hechos para la planta. Cualquiera que ha visitado una fábrica, ha visto que en ellas la gente trabaja de pie. Incluso los operarios, a los que les pedimos que efectúen determinados registros en partes de producción, lo hacen de pie: apuntando a menudo los datos en un papel sobre unos pupitres elevados típicos en la planta, pero siempre de pie. Y el trabajo en esas circunstancias, no es un entorno adecuado para el ratón y teclado.

Para resolver esta circunstancia, y como una especie de acuerdo de mínimos, las implantaciones de ERP para la planta se terminaron a menudo instalando en la oficina de producción donde el usuario si está sentado y tiene su ratón y su teclado. Para imprimir desde ahí la orden de producción y llevarla luego al centro de trabajo en la fábrica donde se tuviera que ejecutar. Los operarios verían ahí la orden de trabajo en papel con las indicaciones, la realizarían y luego reportarían lo que finalmente hubieran hecho realmente sobre lo inicialmente programado.

Finalmente ese papel volvía de nuevo a la oficina para que alguien lo tipeara en el ERP o en la aplicación corporativa. Y es precisamente ese ciclo, lleno de fisuras y posibilidades para el error, plagado de papeles e ineficiencias, el que terminaba envenenando de datos erróneos mal escritos o mal interpretados al ERP y dando al traste su implantación en fábrica cuando, la dirección comprobaba en una auditoria que se estaba gastando una enorme cantidad de dinero en mantener una gran cantidad de información inútil a la postre por su falta de fiabilidad. Este error, acentuado por el divorcio declarado que a menudo existía entre los departamentos de sistemas de información (TI) y Producción por los sucesivos fracasos de informatización de los que se solían culpar mutuamente, explica en la mayoría de los casos el porque de que en demasiadas fábricas sigamos trabajando aún con papeles como "escribas" del antiguo Egipto, valiendo como honrosa excepción las hojas Excel. Dejando así el management probablemente una de las piezas más importantes de la empresa (todo lo relacionado con la producción) sin la tecnología adecuada o herramientas muy precarias. Para completar el escenario, durante ese período la maquinaria utilizada en la fábrica sí fue evolucionando y se produjo un gran reemplazo de tecnologías antiguas en ellas. Las máquinas empezaron a tener terminales táctiles para programarlas, etc. Pero sin un sistema software que diera cohesión a todos los equipos y maquinarias las fábricas fueron creciendo como un conjunto de reinos de taifas, islas de información aisladas, sin cohesión entre los diferentes departamentos.

En un entorno así, sólo las fábricas súper automatizadas, con grandes tiradas de producción y sin muchos cambios de modelo o formato o procesos manuales, podían ser eficientes en Occidente. Cuando a finales de los 90 los productos asiáticos entraron en Europa, ese tipo de producciones de grandes tiradas fueron los primeros que se llevaron a Asia, dejándonos aquí la tormenta perfecta preparada y sólo lista para estallar cuando llegara su momento.

Los factores descritos (divorcio TI, etc.) hicieron que justo las producciones de tiradas cortas que necesitan más SMED, más control de procesos, más flexibilidad en la planta, más "Lean Manufacturing" en definitiva , fueran las producciones que se quedaran aquí. Y estas que se quedaron eran justo las que estábamos menos preparados para abordar.

Soluciones

En Occidente lo único que va quedando son producciones con tiradas muy pequeñas, mucha variedad de productos especializados que requieren mucho procesado o que son complejos. Entonces la solución casi inapelable y necesaria para poder abordar los problemas es el Lean Manufacturing en todos los ámbitos de la fábrica para así trabajar duro en los tres grandes pilares de la productividad: personal, maquinaria y materiales.

Y para poder poner Lean Manufacturing en toda la fábrica necesitamos tecnología. Es decir, hay que reconciliarse con TI, hay que volver a hablar de herramientas con ellos, hablar de soluciones específicas para cada problema de eficiencia en la fábrica. Sistemas que nos den la posibilidad de implantar una metodología Hoshin Kanri, TPM, un SMED o aplicar GEMBA y lograr increíbles ganancias y productividad en poco tiempo. Planteando por supuesto, que toda la tecnología que se vaya a poner esté siempre integrada con el ERP.

Pantalla iLEAN, Lean Manufacturing Software www.ilean.ws/i-lean

Esta utilización masiva de la tecnología en la planta no es una cuestión secundaria, sino que es algo crítico. Si has trabajado en la puesta en marcha de un proyecto de Lean Manufacturing en papel sabrás que la primera reacción con respecto a la productividad en un centro de trabajo no es subir sino BAJAR. Y esto es así porque simplemente se ha introducido un elemento más de improductividad como es el papel.

En unas circunstancias en las que es tan crítica la eficiencia, no hay margen para que un proyecto Lean empiece ya perdiendo puntos. Lean sí, pero con una tecnología que no nos ponga obstáculos en el camino hacia la productividad y la eficiencia.

CAPITULO 3

Un Cambio Brutal en el Paradigma de Control de Planta

Concepto

Pasamos gran parte de nuestro tiempo en planta persiguiendo el dato por la fábrica: imprimimos partes de producción, se los damos al personal para que, una vez que terminen su labor, nos reporten todo lo que pasó, recopilamos todo, lo tipeamos en la computadora, lo registramos y finalmente, cuando consultamos esos datos, vemos con desagrado que la información disponible acumula los problemas que describimos en el capítulo anterior, que la hacen inservible para tomar decisiones de la criticidad de las que se han de tomar en una planta.

Pero, ¿y si le diéramos la vuelta a toda esa metodología de control por completo?, ¿y si en lugar de tratar de resolver esos viejos problemas, pensáramos en una nueva forma de enfocar este paradigma?, ¿qué pasaría si en lugar de pedirles a los operarios que nos rellenaran esos partes en papel, les diéramos herramientas de trabajo que les ayudaran a resolver ellos mismos sus problemas cotidianos, y que consiguieran al mismo tiempo los datos y registros de actividad que buscamos controlar con nuestros partes en papel?

estado	responsable	modelo	cycle time	intervalo	t.minutos	previstas	correctas	con defecto	recuperado	total op.	paros	observaciones
				de 05:00 a 06:00								
				de 06:00 a 06:30								
	ADMIN	H34362 Tubo de Escape	15,15	de 06:30 a 07:00	30	1,9%	3	0	0	73	0	
	ADMIN	H34362 Tubo de Escape	15,15	de 07:00 a 08:00	60	3,9%	5	0	0	73	0	
	ADMIN	H34362 Tubo de Escape	15,15	de 08:00 a 09:00	60	3,9%	3	0	0	73	0	
	ADMIN	H34362 Tubo de Escape	15,15	de 09:00 a 10:00	60	3,9%	7	0	0	73	0	
	ADMIN	H34362 Tubo de Escape	15,15	de 10:00 a 11:00	60	3,9%	1	0	0	73	0	
	ADMIN	H34243 Airbag	15,15	de 11:00 a 12:00	60	3,9%	4	0	0	5	0	
	ADMIN	H34243 Airbag	15,15	de 12:00 a 13:00	60	3,9%	0	2	3	5	57	aviso en la línea por fallo eléctrico
	ADMIN	H34362 Tubo de Escape	15,15	de 13:00 a 14:00	60	3,9%	5	0	0	5	0	
	ADMIN	H83423 Caja Powim	15,15	de 14:00 a 15:00	60	3,9%	3	0	0	5	0	
				de 15:00 a 16:00								
	ADMIN	H89124 Amortiguador trás	15,15	de 16:00 a 17:00	60	3,9%	1	0	0	73	0	comentario
	ADMIN	H89124 Amortiguador trás	15,15	de 17:00 a 18:00	60	3,9%	4	0	0	73	0	
	ADMIN	H89124 Amortiguador trás	15,15	de 18:00 a 19:00	60	3,9%	5	0	0	73	0	
				de 19:00 a 20:00								
				de 20:00 a 21:00								

Módulo OEE-6Sigma de iLEAN www.ilean.ws/i-6sigma

Sería algo similar a un GPS. Por ejemplo, si tú quisieras saber dónde estuve el día de ayer, me podrías dar un montón de papeles para que yo te los rellenara con cada trayecto que hice, dónde me detuve, cuánto tiempo estuve parado, etc., o mejor podrías darme un GPS. Obviamente yo lo utilizaría por mi propio interés, porque me ayuda en lo que sea que fuera a hacer. Pero al finalizar el día, tú podrías enchufar este GPS en tu computadora y enterarte de todos mis movimientos y tiempos utilizados en un reporte completo y detallado. En otras palabras, podrías monitorizar exhaustivamente mi actividad.

¿Cierto?

Problemas

Verás que este nuevo planteamiento tritura tres de los mayores problemas que uno se encuentra en una fábrica cuando se plantea instaurar en ella cualquier sistema de control. Y verás que como siempre que uno busca el origen de cualquier problema en la vida, es fundamental no confundir los síntomas con los problemas. Ya que si trabajas para resolver un síntoma, te encontraras con la desagradable sorpresa de que inmediatamente que retires el esfuerzo para resolverlo, el síntoma reaparecerá. Simplemente porque el problema que lo genera sigue intacto en la base. Puedes sonarte la nariz tantas veces como quieras, pero eso no solucionará el hecho de que tienes un constipado.

El primer problema que este nuevo enfoque resuelve es el hecho de que en un proyecto de control en planta, uno tiene que trabajar con los operarios para desarrollarlo. Y el personal de planta es experto en el ámbito industrial que la fábrica maneja, pero no lo es en formularios, en registros y mucho menos en Windows. De manera que cuando en el antiguo sistema le pedías que rellenara partes de producción con determinada información, podía incurrir en errores al no registrar adecuadamente los datos solicitados generando un sinfín de problemas.

Las consecuencias visibles de este problema en planta se traducía en el hecho de que cada vez que querías desarrollar cualquier proyecto LEAN (6 Sigma, TPM, una trazabilidad o un Smed) todo el proyecto se dilataba en su puesta en marcha debido a la falta de experiencia del personal de planta en los formularios y herramientas en papel que les pedíamos que rellenaran.

El segundo problema que este nuevo enfoque resuelve se fundamenta en el hecho de que, si somos realistas, sabemos que los operarios nunca encontraron un beneficio para si mismos en el hecho de registrar los datos que les solicitábamos.

Todos los que somos papás sabemos que cuando algo se impone sin convencer, eso es lo primero que deja de hacerse en cuanto uno se da media vuelta. Yo mismo puedo dar fe de eso como papá de tres preciosas niñas que soy.

Y eso mismo es lo que sucede en la planta con el enfoque antiguo: les damos papeles y les pedimos que los completen, sin que ellos puedan entender cuál es la ventaja para ellos. Las dificultades no tardan en aparecer cuando al intentar poner en marcha algún proyecto Lean, nos damos cuenta de que no se están llevando a cabo los registros en la manera y rigor adecuado.

El tercer problema a resolver con este enfoque es, como ya dijimos antes, la incorporación de herramientas y tecnología adecuada para planta. Y el destierro definitivo del papel en ellas.

Soluciones

La solución que me ha demostrado mayor eficacia en todos mis años de experiencia como manager en proyectos Lean es, sin duda, la implementación de asistentes en pantallas táctiles para los operarios.

Esto significa construir asistentes sencillos analizando cada puesto de trabajo y viendo cuáles son los problemas que tiene cada operario, pensando primero en resolver sus problemas. Esas pantallas táctiles deben desarrollar una manera de controlar y monitorizar la actividad en ese puesto de trabajo, pero con la óptica adecuada. Esto es, la óptica girada al revés, pensando primero en cómo voy a resolver el problema que tiene el operario, para recibir luego el beneficio de los registros de control que necesito como consecuencia no buscada del uso de esos asistentes. Es justo la idea del GPS de la que te hablé anteriormente.

Te aseguro que este tema no es una cuestión menor. Muy al contrario es capaz de generar un auténtico maremoto de ventajas y cambia por completo la dirección en la que giran los propios engranajes de fuerza en una fábrica. El operario empieza a querer utilizar la herramienta que hemos construido para él y nosotros conseguimos los datos de monitorización de su trabajo que tanto deseábamos.

Pantalla iLEAN para perfiles de usuario OEE www.ilean.ws/i-oee

CAPITULO 4

"Control Lean Invertido" ... Amanecer a un Maremoto de Ventajas

Concepto

A este capítulo voy a darle un enfoque distinto.

Para convencerte de los profundos cambios que este concepto de "control invertido" puede generar tanto en tu trabajo, como en el propio ADN de tu empresa, voy a enumerarte una por una las ventajas que este nuevo enfoque de management de los procesos industriales genera en ellas. Yo he estado allí y lo he visto con mis propios ojos. Así que, no te lo voy a contar desde un punto de vista teórico, sino que voy simplemente a describirte la nueva realidad que allí se construye cuando enfocas los problemas de esta nueva manera. Uno se da cuenta que, en ésta, como en tantas otras cosas de la vida, el problema que nos lastraba en el inicio, tal vez estaba en el enfoque. De la misma manera que un alpinista que intenta escalar el Everest sabe que no es el mismo esfuerzo subirlo desde un "enfoque" que de otro.

Veamos cuáles son las seis ventajas demoledoras de la planta sin papeles.

Registros de control sin errores y a mitad de coste

¡Esto es pura lógica! Con el sistema tradicional de registros de planta en papel, los datos se apuntan dos veces: una vez en papel y una segunda vez en la computadora. En una fábrica sin papeles el dato se registra una sola vez en una pantalla o tableta táctil y pasa al ERP automáticamente. Esto reduce el coste a la mitad. Pero no sólo es una reducción de tiempo y esfuerzo, sino que se estima que este método elimina alrededor de un 90% de las típicas erratas de registro habituales de los sistemas de papel. ¡Imagina los desaciertos que puedes evitar de esta forma!

Asistentes de trabajo LEAN guían a tu personal

La herramienta iLEAN es un ejemplo claro de esta ventaja. Se ha construido como un conjunto de asistentes de trabajo para todo el personal de planta, no sólo para los operarios antiguos sino también para los recién incorporados. En la empresa actual la rotación del personal es cada día más común. Esas rotaciones provocan innumerables inconvenientes. La incorporación casi constante de personal supone varias necesidades:

- • Es fundamental que adquiera la formación e información que necesite para desarrollar perfectamente el trabajo para el que se la ha contratado en el menor tiempo posible.
- • Resulta imprescindible que durante el período de adaptación se consuma el mínimo tiempo posible de los demás

compañeros veteranos. Para ello una herramienta digital po-
see grandes soluciones ya que añade sistemas en los que se
asiste al usuario sobre temas como:

- o •Dónde ubicar un material dándole información de
  dónde hay ahora mismo otras referencias de este mismo material en los almacenes.
- o •Sistemas de agenda diaria donde cada usuario puede
  ver los trabajos que ha de desarrollar cada día.
- o •Información de cómo se ha de realizar cada operación.
- o •Información acerca de dónde tiene que ir a buscar los
  materiales que le van a hacer falta en cada caso.

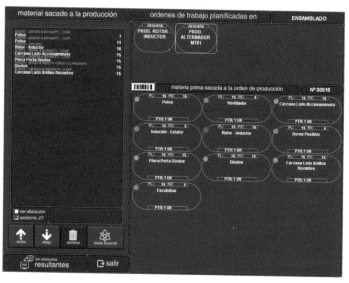

Pantalla iLEAN para extracción de materiales a una OP

A través de sus pantallas táctiles ayuda a resolver las dudas coti-
dianas que tienen en sus centros de trabajo a todo el personal de la

planta. Y de manera automática consigue los registros, que antes solíamos recopilar en papel, como simple consecuencia del uso de sus asistentes por parte de tus operarios. Asistentes que les resuelven dudas como:

- o •¿Es este el lote que toca por FIFO?
- o •¿Cuál es la ubicación habitual de este producto en el almacén?
- o •¿Está autorizado el pedido que trae este proveedor?
- o •¿Cuál es el plan de trabajo en este centro?
- o •¿Cómo se ajustaba este indicador en esta máquina?

Ten en cuenta que sería como el GPS del que hablamos antes. Brindándole un GPS al operario, podrías enterarte de todos los movimientos que realiza porque quedan registrados sin necesidad de apuntarlos en ningún papel. Obviamente él lo usaría por su propia voluntad porque colabora con su tarea cotidiana, pero al final del día este asistente / GPS te estaría brindando además el registro total con todo detalle de tiempos y espacios recorridos en el día. Y todo a un coste bien cercano a cero, ¿no crees? Bien, ése es justamente el enfoque de esta herramienta en la planta.

Completa Visión 360º de tu Personal y en Continuo

Otra ventaja de la planta sin papeles es que, al poco tiempo de ponerla en práctica, el personal comprende que con la llegada de las pantallas azules la información acerca de lo que uno hace o deja de hacer sube automáticamente y sin distorsiones a quien necesita saberla. En otras palabras, descubren que se ha hecho imposible esconder el buen hacer de un recién incorporado, apropiarse del trabajo de otros compañeros o encubrir ineficiencias o errores propios. Ahora bien, si uno quiere que se le considere, sólo tiene que hacerlo bien y reportarlo adecuadamente en su tableta, para que esa información llegue a dónde debe llegar. En ese momento es cuando uno comprende que en todos estos años, los operarios siempre supieron que los partes de papel eran totalmente inútiles para controlar la eficacia del personal. Así se entiende este curioso efecto de que, con sólo colgar las pantallas azules en tu planta aumente la productividad de un centro de trabajo, incluso antes de hacer nada con los datos recopilados.

Cambio total de fuerzas en la Planta

Estoy totalmente seguro de que a estas alturas ya has comprendido que un sistema de una planta sin papeles puede generar un cambio de paradigma brutal en tu fábrica. Ya hemos hablado de los inconvenientes de una planta que utiliza papeles. Los controlers pasamos gran parte de nuestra vida pidiéndole al personal de planta que nos dejen registros de su actividad en papeles, pero también sabes que ellos no dominan la metodología y que no sienten que les sean de utilidad alguna para sí mismos. Es más, a veces descubrimos con estupor que hemos gastado enormes cantidades de dinero y esfuerzo en sistemas de control, generando una montaña de papeles con datos poco fiables, que imponen un control deficiente. Y que, además, a menudo se desvanece, porque se dejaron de rellenar los reportes en cuanto hubo la mínima excusa para ello. En un sistema paperless, los datos simplemente fluyen hasta tu escritorio en tiempo real día tras día y ayuda al personal de planta en cada centro de trabajo con cada una de las tareas que deba realizar. Los operarios sienten el sistema como una herramienta que colabora con su trabajo cotidiano y les facilita la implantación. Les resultará muy útil, los beneficiará. Créeme: ¡LO USARÁN! Lo harán porque les resulta útil, no porque nadie les obligue.

Simplemente, esto es lo que sucederá: al utilizar los asistentes para su propio beneficio en su trabajo cotidiano, se irán generando esos datos y fluirán a tu escritorio. Además, si el personal de planta es quien realiza los registros en el sistema, el personal de control queda liberado de la recopilación e introducción de los datos. Entonces tendrá la posibilidad de centrarse en cuestiones que tengan que ver exclusivamente con su tarea específica.

Capacidad de reacción de un "sistema nervioso digital"

En la fábrica tradicional, los departamentos de calidad se han considerado siempre como un coste y como departamentos un poco burocráticos, encargados de asegurar que los productos que llevamos al mercado cumplan con determinados estándares. En la planta sin papeles, el control de calidad pasa a ser una pieza clave del engranaje, que lanza alertas automáticas al resto del equipo de producción cuando se detecta que algo resulta estar fuera de rango.

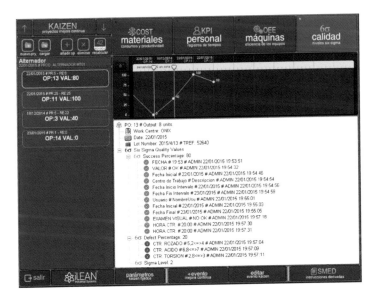

Ofrece una valiosísima información en tiempo real para reaccionar y ajustar lo necesario en el momento, antes de que el error se propague y se convierta en un coste irreparable al final de la jornada. El hecho de que los datos estén disponibles en tiempo real es importante para cualquier industria, pero si hablamos del sector alimentario esto resulta indispensable. Al trabajar con alimentos que caducan, no se debe demorar mucho tiempo en obtener la información de trazabilidad ya introducida en el sistema. Cuando esto ocurre, implica no poder hacer ninguna inmovilización o trazado de producto hasta que ya es demasiado tarde. Con lo que, en un sistema de trazabilidad que no planteara la introducción de los datos en tiempo real, te podrías ver igualmente obligado por las autoridades a inmovilizar todo tu producto en el mercado aún teniendo la trazabilidad, solo que con cierto retraso. Paradójico, ¿verdad?

Esta y otras funciones de esta herramienta construyen una especie de "sistema nervioso digital" que nos conecta con la planta y nos permite detectar cualquier problema mucho antes. De esta forma, podemos acotarlo en una fracción del tiempo que necesitábamos en la planta tradicional, llevándonos a niveles de eficiencia y productividad impensables con el modelo antiguo de control.

Hace más fácil el Lean Manufacturing

A través de los terminales táctiles, tabletas o smartphones, el sistema establece una línea directa de comunicación con todo el personal operativo de la planta, supervisores, controladores, calidad, mantenimiento, etc. Y esa conexión la utiliza para dos extraordinarias funciones:

• Proyecta o propaga en tiempo récord cualquier cambio o reprogramación de trabajos que se requiera por incidencias o desajustes de planificación. ¿Cómo?, pues muy sencillo, enviando todas estas nuevas órdenes en segundos a todo el personal indicado, sincronizándolos en la operación y reduciendo al mínimo los tiempos muertos que se originan en la planta en una situación de reajuste de este tipo.

• Permite guiar a nuestros operarios ante cualquier circunstancia hacia la manera más eficiente para resolverla. Simplemente tendrán en sus pantallas táctiles unos sencillos asistentes "paso a paso" que ellos podrán seguir con suma facilidad.

Entonces se puede implantar por esta vía las Metodologías Lean Manufacturing y de esta manera cumplir con nuestro principal objetivo, elevar la productividad a niveles prácticamente impensables sin que el personal sea ni siquiera consciente de ello. Eso es lo que significa la implementación de una planta sin papeles, hacer más fácil el Lean Manufacturing.

CAPITULO 5

Un sistema Neruioso Digital para "sentir" tu Fábrica en Tiempo Real

Concepto

Este concepto de asistentes en pantallas táctiles consigue los datos de monitorización del trabajo efectuado en planta de manera "transversal", más inteligente. Estableciendo en la fábrica una especie de sistema nervioso digital capaz de detectar en tiempo real cualquier cosa que esté sucediendo en ella con personas, materiales, máquinas en cualquier momento y en cualquier lugar.

Te permite sentir y reaccionar a cualquier evento que suceda. Imagínate que toda la información de planta que te llega hoy en formato de papel, te llegara automáticamente en un flujo continuo de datos y en tiempo real. Tendrías los reportes de material resultante al segundo, los registros de materias primas utilizadas en cada centro de trabajo y podrías mantener la trazabilidad en tiempo real, los registros de tiempo que está consumiendo cada operación, los registros de tiempo del personal en la planta en cada momento, los registros de controles de calidad al instante.

Tendrías toda esa información llegando a ti desde las pantallas táctiles de cada operario. Te construiría un increíble "sistema nervioso digital" que te ayudaría a sentir y a "no quemarte cuando tocas el fuego", cosa que por cierto, sucede muy a menudo en una fábrica.

La ventaja de tener un sistema así es fácil de explicar. Es la misma que experimentas tú cuando un "sensor" en tu piel te permite sentir el fuego y apartar la mano antes de quemarte. Es así de fácil y así de poderosa.

Se implementa sencillamente transformando aquellos registros que señalaran un mal funcionamiento del proceso productivo en distintas alertas que se distribuirían a todo tu personal de control: jefe de línea, jefe de mantenimiento, responsable de calidad, operaciones, etc. Llevando la información adecuada a las personas que en la planta pueden interpretar esas informaciones y reorganizar el trabajo en vivo para alcanzar mayores cuotas de productividad.

Problemas

¿Cuántas veces hemos visto en un parte de producción un registro al día siguiente de un fallo productivo, teniendo la seguridad de que si hubiéramos tenido aquella información en el momento en el que aquello pasó, habríamos podido remediar el problema que hoy ya es un hecho, y que ya no se puede resolver?.

Es más, ¿cuántas veces hemos visto a posteriori que con esa información en su momento la solución al problema habría sido simplemente evidente?

Cuando uno analiza este tipo de eventos en una planta, comprende sin dudas aquello de que la información es poder. Y es que ese hecho en una planta es absolutamente determinante.

Imagínate por ejemplo, un control de registro de peso del día de ayer que me hubiera indicado con anticipación que estaba cargando más cantidad de peso en un producto elaborado, por ejemplo, que en lugar de pesar medio kilo cada envase, estuviera pesando 600 gramos.

Pantalla iLEAN Registro Controles de Calidad

Ese sencillo control de calidad enviado a la persona adecuada y en tiempo real me habría evitado este sinfín de problemas que a continuación te describo.

Habiendo planificado consumir cinco mil kilos de una determinada materia prima para realizar la producción objetivo, esa desviación en la carga de la cantidad de producto en cada envase, me generaría de inmediato un sobreconsumo de las materias primas previstas y me encontraría fácilmente con la circunstancia de que:

1.- Voy a producir a un coste muy superior al que pensaba (tal vez incluso superior a mi precio de venta)

2.- Puede que ahora no tenga suficiente materia prima para realizar la cantidad que había programado fabricar del producto elaborado en cuestión.

3.- Si opto por sacar más materia prima y decido alargar la producción, descuadro toda la programación de trabajos y tendré que alargar las horas de producción e incluso necesitar horas extras del personal, con lo cual añado de nuevo más coste a mi fabricación.

4.- Si opto por cortar la producción cuando termine con la materia prima, resultará que no habré fabricado la cantidad prevista del producto elaborado y eso puede sencillamente ser incluso más caro que lo anterior. Si tenía esas cantidades ya comprometidas con algún cliente, este podría incluso dejarnos de comprar por la falta de servicio.

Pues bien, este es un ejemplo del "pequeño" servicio que ese sencillo registro habría podido ofrecer de haberse entregado en tiempo real a la persona en la planta con las capacidades para rectificar este hecho. Así es que, imagínate las ventas que una plataforma "paperless plant" completa con toda clase de "sensores" de este tipo llegando interrumpidamente a tu personal de control podría generar.

El segundo gran problema que el concepto que te propongo en este capítulo también resuelve en la planta es la sincronización de las distintas personas o departamentos en pro de la eficiencia. Por ejemplo, sincronización entre producción y mantenimiento.

Tengo una avería eléctrica y rápidamente se puede solucionar. El paro de la producción es mucho más corto si todos se enteran conjuntamente. Como lo sería también si un grupo de compañeros tiene que hacer un cambio de formato en el mínimo tiempo aplicando SMED, y lo puede realizar de manera sincronizada porque conoce en todo momento la información de avance de los trabajos de cada compañero implicado en la tarea conjunta para que no haya tiempos muertos.

Soluciones

Las soluciones más eficaces que he visto implementadas en mi vida profesional alrededor de este concepto de "sistema nervioso digital en una planta", se construyen con la eliminación de los papeles y la utilización de tabletas en los centros de trabajo. Habilitando en la planta, la posibilidad de transformar algunos eventos que se identifiquen como problemáticos o señaladores de problemas futuros, en alarmas que disparen una reacción inmediata de tu personal de control y se anticipen al fallo en tu fabricación.

Un típico ejemplo es el de los eventos de productos que se salen de caducidad. Si hay un control exhaustivo, cuando alguno está próximo a la fecha de caducidad, se levantan una serie de alertas que recibirá el controler de stocks. Esto mismo puede suceder también para alertas por descuadres de stocks y evitar las tan temidas roturas de stock en la planta.

O imagina que en tiempo real recibiéramos una alerta que un lote de materia prima no tiene el peso que pensábamos y que esta alerta se derivara de inmediato al controler de stocks, habilitándole así para rectificar este inventario en el mismo momento y requiriendo una compra en el instante para anticiparnos a una hipotética rotura de stock.

Pantalla iLEAN Visor de Alertas www.ilean.ws/i-hoshin-kanri

O una alerta sobre un control al final de línea para un producto acabado que nos pudiera avisar de una desviación del estándar en el resultante elaborado. Tanto en cantidad como en calidad del mismo y de las posibles consecuencias que eso puede tener en los consumos de materia prima, en la planificación de la producción, del personal, etc.

Un detalle muy importante en lo que respecta a las soluciones que implementa este concepto es el hecho de que tenemos un informe de avances de cada uno de los trabajos que se están ejecutando en la planta en continuo.

De manera que si, por ejemplo, un equipo que está produciendo un semielaborado que debería estar listo a determinado horario sufre un retraso o ajuste en su planificación, los equipos que deben recibir ese producto para seguir la transformación reciben en tiempo real esa información y pueden adaptar su propio trabajo en el proceso productivo.

Esta circunstancia evita muchísimos tiempos perdidos, porque ahora no me entero en el último minuto de que algo no va a estar donde debería estar. Lo sé en el mismo momento en el que nos empezamos a desviar de lo planificado o empezamos a tener el mínimo inconveniente.

Estamos introduciendo en el sistema de control una detección temprana de problemas para buscar rápidamente una solución y reaccionar más deprisa a un fallo productivo, reduciendo así el tiempo de vida de un problema activo en la planta y por ende sus consecuencias en la merma de productividad.

CAPITULO 6

Elimina el Papel de tu Planta y Alimenta tu ERP Automáticamente en una sola Jugada.

Concepto

Cuando analizamos toda la documentación en papel que estamos manejando a diario en la planta (partes de producción, calidad, reportes de materia prima utilizada, materia prima resultante de cada orden de producción, materiales recibidos en el muelle de carga), nos damos cuenta de que todos los datos que metemos en el ERP ya están siendo registrados en esos papeles.

Por ejemplo en la recepción de materiales, llega a la puerta del muelle la materia prima, buscamos el número de lote, registramos la caducidad, ponemos las características del producto, hacemos una verificación de calidades, validamos las cantidades de producto, etc.

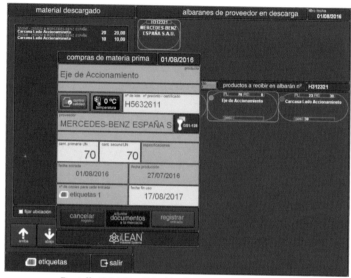

Pantalla iLEAN validación de Entradas por Compra

O cuando rellenamos un parte de producción y en un centro de trabajo reportamos el material resultante de una orden de trabajo.

En ambos casos tenemos básicamente la misma información en papel que el ERP nos está pidiendo luego que registremos. Lo mismo sucede en registros de tiempos o personal reportados sobre cualquier centro de trabajo.

De manera que, un sistema de "planta sin papeles" o monitorización de la actividad del personal en los centros de trabajo como el que te he descrito, debería tener en su interior a su vez toda la información que el ERP requiere. ¿Cierto?

Así es que solo se trata, entonces, de ver cómo dejamos los datos que necesita el ERP y ver dónde los depositamos para que toda esa información entre dentro del sistema AUTOMÁTICAMENTE, sin necesidad de hacer ningún otro trabajo adicional. Llevamos así el LEAN un paso más allá, transformando los registros de monitorización de la planta y datos útiles para el ERP, consiguiendo ambos objetivos en una sola jugada, en un solo movimiento.

No tengas miedo de andar ese camino, aunque sé que durante muchos años has oído todo lo contrario, que todo tenía que estar en el mismo sistema para poder tener el famoso, ansiado y a menudo fracasado "dato único".

Sé que lo has oído mil veces porque ese concepto de que, todo debía pasar por el ERP, era el mensaje que las compañías que los vendían "repicaban" continuamente en sus argumentarios.

El ERP se vendía como un sistema monolítico, en el que casi parecía que toda la información que no estuviera dentro del ERP estaba "fuera de la ley". Bueno, pues yo te diría que entonces llevamos veinte años fuera de la ley. Porque con nuestros papeles y con nuestros Excel es como nos estamos manejando hasta hoy.

En cualquier caso, también te digo que esa filosofía "monolítica" en cuanto al sistema de información, es ya algo obsoleto que ni los propios ERPs sostienen. Así que, te recomiendo que no lo hagas tú tampoco.

Yo soy ingeniero de software y te aseguro que para nosotros una tabla con datos en un complejo sistema de base de datos de Oracle es como para un usuario normal una hoja de Excel. Nos resulta tan complicado colocar el dato adecuado para integrar los sistemas que hagan falta en el lugar que debe estar, tanto como para el usuario normal llenar la celda adecuada en la Excel. Por supuesto, hay que saber en qué casilla hay que colocar el dato, como tú lo debes saber también cuando haces una Excel de productividades. ¡Pero esa es la única dificultad! Ni más, ni menos.

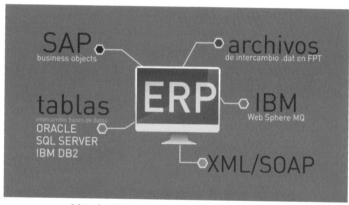

Métodos habituales para integración con ERPs

Así es que mi consejo es que entierres el hacha de guerra con tu departamento de informática y le preguntes dónde tienes que dejar los datos resultantes de tu trabajo en planta para que puedas andar tu particular camino hacia ese "Walhalla" que es construir una planta sin papeles.

No importa que lo hagas con proyectos más o menos ambiciosos, con pasitos más o menos cortos, que pongas una primera pantalla Kanban donde esté cada una de las órdenes de trabajo con grandes bolas Kanban para que los operarios puedan ir viendo la información y puedan ir cambiándolas de estado, o que hagas eso mismo pero en Poka Yoke. Pero no te detengas y anda sin pausa, hacia ese objetivo.

Te he explicado ya las impresionantes ventajas que esto genera. No es sólo el hecho de que los datos se metan automáticamente en el ERP. Son muchísimos más beneficios, como el sistema nervioso digital o los asistentes Lean para tus operarios. Esto es algo a lo que no podrás renunciar bajo ningún concepto a medio plazo, menos si el resto de fábricas a tu alrededor lo abordan. Te pueden dejar totalmente fuera del mercado.

En este libro encontrarás mecánicas específicas y ejemplos concretos para llevarlo a tu planta eficazmente en pequeños bloques. ¡Ojala te resulten útiles!

Problemas

Los problemas específicos que el concepto que te describo en este capítulo viene a resolver, son aquellos que genera el propio modelo antiguo de registro y captura de datos en papel para luego introducirlos al ERP.

Como ya te expliqué, básicamente los ERPs se quedaban en la oficina de producción y se imprimían los partes de producción o las órdenes de trabajo que se llevaban en papel a los distintos centros de trabajo, para que el personal allí rellenara la información de la realidad de lo que hubiera sucedido. Finalmente, ese papel volvía a la oficina para que se tipeara e introdujera en el ordenador y ese ciclo del papel, el lápiz, las personas y la manera en la que están tomando esos datos, está lleno de fisuras que, al final, intoxican el sistema informático que alimentas con esos datos de mala calidad.

Veamos un simple ejemplo. Imprimimos en papel una orden de trabajo con los diferentes productos que hay que servir y en qué cantidades. La llevamos a la línea de producción y aquí empiezan las fisuras. La primera se da en la expedición o en el registro. El operario ve el papel. Empieza a reportar las cantidades que hay, y se equivoca por un uno o un cero de más. O lee e interpreta mal lo que tiene que coger. No hay chequeo ninguno porque el papel se lo come todo. Bien, eso genera un producto que tiene un color, un sabor o una forma diferentes de lo que estaba previsto. Un fallo de producción por no interpretar bien lo que estaba en el papel.

Otra fisura se da cuando en la oficina tienen que tipear el reporte de lo sucedido. Primero tienen que entender la letra del operario que rellenó el papel y luego tiene que ser una máquina suiza para no equivocarse en el tipeo. Se requiere un esfuerzo demencial para leer esas hojas enormes con tantas columnas con datos que provienen de la fábrica, con una logística brutal para que los papeles lleguen en su momento a cada sitio, y es muy complicado en estas circunstancias no equivocarte nunca.

Fisuras en la expedición, fisuras en la interpretación, fisuras en el registro y fisuras en el tipeado. Cuatro puntos en los cuales ese modelo inconexo en papel y lápiz está abierto a errores que derivan en que la información dentro del sistema informático sea incorrecta.

Y es un auténtico tópico que cuando un día el CEO de la empresa llega a producción, pide la información que genera ese costosísimo sistema informático que se ha adquirido y se da cuenta de que está llena de errores, pues ... el proyecto se paralice, pensando tal vez que nos cuesta demasiado mantener un sistema tan complejo para tener como resultado simplemente un montón de datos erróneos.

Bien, pues ¡este es el problema del que no volverás a oír hablar si aplicas un modelo de control de "planta sin papeles"!

Soluciones

Para mí la solución óptima para implementar el concepto de planta sin papeles es que utilicemos un software para tabletas que esté diseñado, como os explicaba en capítulos anteriores, a la inversa de la gran mayoría de sistemas y que consiga los registros de control de planta, no porque los operarios estén obligados a hacerlos como en el modelo antiguo, sino porque se hacen automáticamente como consecuencia del uso de asistentes de trabajo para el personal diseñados en estos interfaces táctiles.

Es decir, que los datos le lleguen al personal de control como consecuencia del uso de los asistentes de trabajo por parte de los operarios y que ellos utilicen estos asistentes por su propio interés.

Si te fijas, en el paperless el dato fluye y se transforma, cambia de estado. Nadie lo introduce en un sitio como en el modelo antiguo para que otra persona lo interprete bien o mal. El dato se crea una sola vez y va fluyendo en todo el organigrama del dato único en planta.

Pero más allá este modelo, que antes nombrábamos como modelo de captación de datos tipo "GPS", está la arquitectura en la que este sistema debe estar diseñado. Debe ser como una capa superior por encima del ERP que se alimente de él y le devuelva los datos cuando ya los tiene completos y no antes, para evitar complicar su funcionamiento.

Lo que para mí es óptimo es que el modelo de paperless plant emule al antiguo, pero que en lugar de imprimir en papel, la tableta absorba la orden de producción del sistema informático y la transforme en una bolita, algo sencillo, algo táctil, algo que sea Kanban, que sea Poka Yoke, y que sea Lean manufacturing...

Si ese sistema, además de tener el concepto del GPS, está diseñado de esta manera, el dato ya es cien por cien único y fluye de manera única también entre el ERP y el aplicativo corporativo en pantalla táctil.

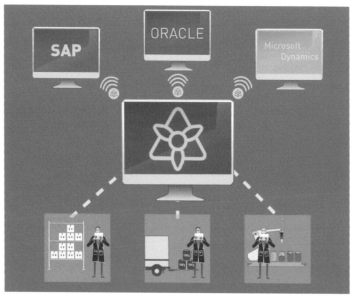

Información intercambiada con el ERPs

Por ejemplo, vas con la tableta y sincronizas en ellas las órdenes de producción del ERP. Inmediatamente te aparecen unos grandes iconos en forma de bolas con las tareas que el operario tiene que ejecutar en cada centro de trabajo y dentro de cada bola que representa a cada orden de producción, están los trabajos que el operario tiene que hacer y cuáles son las instrucciones para realizarlos, ayudándole así de un modo sencillo en su tarea.

Con esta arquitectura, este tipo de sistemas se monta por encima del ERP y simplemente lo complementan en sus funciones, operando como una capa superior especializada, que se alimenta de él y le devuelve los datos cuando los tiene completos.

Es muy importante que en el diseño de la integración de datos con tu ERP, el envío de información hacia él se dé cuando los datos de un proceso determinado están completos en la tableta. En una orden de producción, por ejemplo sería cuando ésta se da por terminada. Si no lo planteas así complicarás todo el funcionamiento del sistema de integración.

La información ha de fluir en tiempo real en la tableta, pero para devolver la información al ERP posteriormente es mucho más útil que lo plantees como un proceso batch de resumen de la operación que se han registrado en el sistema "paperless".

Este debe ser un sistema que complemente al ERP, dotando a la empresa de herramientas LEAN y consiguiendo al fin el ansiado dato único. El hecho de depositar los datos resultantes de la monitorización de planta y captados por el sistema paperless, termina haciendo fluir la información sin ninguna desconexión ni discontinuidad dentro de la empresa. Con todos los mecanismos Poka Yoke que deben estar presentes en estos sistemas de tableta, los errores humanos de registro se reducirán a la mínima expresión y cuando se den se detectarán en tiempo real y se rectificarán de inmediato.

Un último consejo en esta línea. Cuando devuelvas la información al ERP, hazlo de una manera resumida. En la tableta tendrás la información mucho más detallada, transacción a transacción, movimiento a movimiento. Pero en el ERP la mayoría de casos no va a tener lugar para acopiar toda la información que tú estás recopilando. Entonces no lo hagas de manera detallada, sí de manera resumida.

CAPITULO 7

Revolucionarios Asistentes "Lean Manufacturing" que Guían a tu Personal a nuevos Niveles de Eficiencia

Concepto

Qué te parecería si pudieras tener un asistente que le saliera a cada operario cuando en planta le sucediera algo imprevisto y te permitiera a ti intervenir? Sería algo así como un pequeño "pepito grillo", que parado en el hombro le dijera exactamente todo lo que tiene que hacer, en qué secuencia, de manera sencilla, paso a paso. Sería genial, ¿cierto?. A medida que vas andando tu camino como manager de planta te das cuenta de que en la planta no hay grandes soluciones, sino una suma de pequeñas soluciones a problemas cotidianos que detectas. Para ellos estableces procedimientos y evitas que se generen nuevamente. Así impides su expansión dentro de la planta.

Módulo SMED de iLEAN www.ilean.ws/i-smed

Esto es fundamental porque una fábrica es un organismo vivo y como en todo organismo vivo, el error no se queda quieto, sino que se expande, se propaga. Por ejemplo, si entra una materia prima defectuosa en tus bodegas sin ser detectada en la recepción, ese problema se propaga fácilmente. Imagínate que tiene unos organolépticos distintos a los que tienen homologados para los productos en los que la utilizas. Entonces cambiaría el sabor, el color, la forma.

Si esto es así, te preguntarás si esta que te describo no será una de las funciones más potentes y con mayor impacto en el beneficio de la corporación, en los beneficios directos que genera para la empresa. ¡La respuesta es sí!. Si estiras un poco más esa idea, te darás cuenta de que esos asistentes de comportamiento para el operario ante una incidencia podrían también impregnarse de mecánica LEAN y no solo guiarle para que reaccione correctamente y siempre de la misma manera, sino que además podrías conseguir que las guías que recibe lo lleven a operar también bajo metodología LEAN y elevar entonces la productividad de la planta de manera exponencial. Lo que te estoy mostrando en realidad es la punta del iceberg de una metodología que me ha permitido en el pasado implementar LEAN Manufacturing en una fábrica sin ni siquiera dar formación de LEAN al personal de planta y sin ni siquiera colgar un panel Kanban en ningún sitio.

Por su simplicidad esta metodología permite poner en marcha mecánicas LEAN 5S en la mitad del tiempo habitual, a una fracción del coste operativo y alcanzar, sin embargo, los resultados de los incrementos de productividad lógicos de un proyecto lean no sólo más rápido sino también con mayor profundidad.

Módulo 5S de iLEAN www.ilean.ws/i-5s

Estimo que al menos entre un 10 o un 15% más de beneficio directo para la empresa de lo que en las mecánicas lean en papel éramos capaces de conseguir. Es decir, con este concepto puedo poner LEAN a un coste mucho menor (sin necesidad de capacitaciones ni desarrollos costosos), mucho más rápido y con mejores beneficios.

Problemas

¿Cuáles son los problemas que esta mecánica Lean viene a resolver en la planta?

• La ineficiencia del papel en un proyecto LEAN

Sabemos que cuando quieres poner en funcionamiento cualquier proyecto de Lean Manufacturing va a tener a medio plazo un revenue, un retorno de inversión para la corporación.

Sin embargo, paradójicamente, el primer resultado de mediciones será a menudo un empeoramiento en la productividad en el centro de trabajo donde quieras meter, por ejemplo, un proyecto Just in Time. Esto se debe a la introducción del papel y de la metodología que hayas utilizado para implementarlo.

Básicamente la gente tiene que dedicar un tiempo adicional para rellenar los formularios y a manejar logísticamente esos formularios, a tipearlos. Inapelablemente en un análisis de la productividad verás un pequeño descenso en este momento. La causa es el uso del papel y la burocracia necesaria para ponerlo en marcha. Este valle de ineficiencia inicial en los proyectos lean, se desvanece por completo con esta metodología de paperless plant.

- La necesidad de formar al personal de planta en técnicas LEAN

Con el nuevo enfoque no necesitarás capacitar al personal de planta, ya que todo lo que necesita estará cargado en las tabletas. Este "detalle" implica a menudo una reducción radical del tiempo que necesitas para poner en marcha un proyecto Lean, eliminando la necesidad de pasar meses previos a la implantación lean transmitiendo la cultura en la planta pudiendo sin problema simultanear los proyectos de implantación y transmisión de cultura Lean.

- Un cambio de personal te genera 1000 inconvenientes.

Por lo general, en la estructura anterior de fábrica hay ciertas personas responsables de trabajos específicos cuya presencia es casi indispensable para el funcionamiento diario. A menudo se depende tanto de ellos que un responsable de almacén o de líneas no puede ausentarse porque causaría muchísimos inconvenientes. Con un sistema de asistencia Lean en pantallas táctiles como el que te describo, la dependencia "insana" de cierto personal clave en planta se reduce al extremo y te terminas acostumbrando a rotar al personal con normalidad y a no depender de nadie en particular.

- Grupos reducidos sobresaturados de trabajo

En el modelo anterior, la información de cómo hacer de manera óptima cada operación estaba limitado a un reducido grupo de personas en la planta. Esto terminaba ineludiblemente sobresaturándolos de trabajo con jornadas laborales interminables que acaban por "quemar" precisamente a nuestro personal más válido y agotando las posibilidades de progreso del equipo en general. Con el sistema de asistencia LEAN en una paperless plant este problema también desaparece.

Soluciones

Desde mi punto de vista, la solución óptima para elevar tus niveles de eficiencia en el ámbito de este problema es la posibilidad de que tus operarios utilicen por su propio interés las pantallas táctiles como una ayuda en su tarea cotidiana dentro del concepto del paperless plant.

Además de asistirlos en el desarrollo de su trabajo, esta herramienta levanta además, cuando detecta una anomalía en el proceso, una segunda línea de asistentes LEAN que guían al operario (sin necesidad de saber la metodología LEAN) paso a paso de una manera muy metódica sobre la manera idónea de reaccionar qué es la mejor para ese centro de trabajo y situación.

Es crítico para su correcto funcionamiento que esta herramienta asistente sea programable, porque la solución se construye a medida que se avanza en la aplicación del concepto de KAIZEN con la detección de fallos y la incorporación de asistentes LEAN procedimentales que guíen al operario paso a paso en una manera que impida que el fallo se repita en el futuro.

Veamos nuevamente un ejemplo en el muelle de recepción de materiales. Si una materia prima tiene una temperatura inadecuada, un asistente debería intervenir y marcar la falla; puede ser que la tableta tenga un receptor que se conecta directamente con el sensor de temperatura y deje el registro de la temperatura inadecuada.

CAPITULO 8

Siete Trabajos que haces al Recepcionar materia prima, completados en sólo 3 clics sobre una Pantalla Táctil

Concepto

En este capítulo voy a explicarte en un ejemplo súper detallado algunos de estos conceptos de la planta sin papeles para ayudarte a asentar estas ideas con una visión práctica en una implementación real de esta teoría.

Son muchas las posibilidades. De manera que he preferido para este ejemplo coger precisamente la transacción más sencilla y que sucede en todas las fábricas: la recepción en un muelle del material adquirido.

Espero que te sea útil y que, al menos, te quedes con el concepto que hay detrás de esta idea que verás totalmente desglosada en el ejemplo que voy a explicarte. La idea que te expongo tiene LEAN en el tuétano. Es muy importante que asimiles este concept porque, desde mi humilde punto de vista, va a revolucionar en los próximos años la manera en la que estamos trabajando en las fábricas de Occidente.

Tratemos de imaginar cómo funcionaría en un centro de trabajo en tu planta. Supongamos que tú eres el responsable de recibir la materia prima. Estás en la línea de producción, y de pronto tu tableta vibra señalándote que tienes una tarea pendiente. Una alerta te avisa que acaba de llegar materia prima a la planta y tú eres el responsable de su recepción.

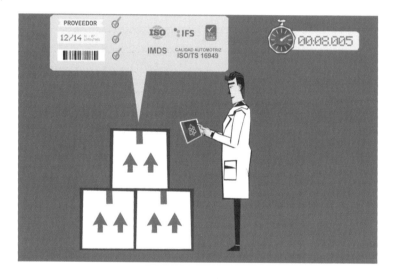

- Vas al muelle, abres la tableta, y con un click verificas que el proveedor está autorizado a traer ese producto hoy y a esta hora.
- Lees el número de lote de su código de barras

- Tu tableta conectada a la balanza del muelle captura automáticamente el peso de la mercadería.

- Con un click más confirmas que el producto recibido cumple con las características solicitadas al proveedor.

- El sistema te ayuda a ubicar el material en tu almacén con su asistente gráfico de posicionamiento (asistente 5S)

- Y automáticamente tu impresora de cinturón expide las etiquetas para identificar el producto

- Cierras la tableta y has terminado el trabajo

Ahora la herramienta digital enviará la información recopilada a tu ERP y la nota de entrega o albarán correspondientes aparecerán automáticamente en ella, sin que nadie haga ningún otro registro.

Aplicando esta misma mecánica en todos los procesos de una fábrica, se genera enormes ventajas sobre los 3 grandes pilares de su eficiencia: Tiempo, Personal y Materiales.

Como has visto, podemos realizar en 1 sólo proceso simple de 18 segundos 7 tareas independientes que antes nos costaban 40 minutos. Esto supone, en tiempo y agrupación de trabajos, un cambio igual al que para el cosechado manual supuso la llegada de la cosechadora moderna.

Por otro lado, con respecto al tiempo de la operación, el sistema se encarga de mantener informado al personal de los avances de cada trabajo y sincronizarlos en operaciones complejas.

Por ejemplo, para minimizar el tiempo que la línea de producción está parada durante un cambio de formato, este concept implementa el mismo método que se usa en Fórmula 1 para que un grupo de personas trabajen de manera coordinada y terminen un trabajo en el mínimo tiempo posible.

SMED ofrece grandes Mejoras de Productividad en la Fábrica de Hoy

Con este método, llamado SMED, se reduce fácilmente un 20% del tiempo de cada cambio de modelo en la planta.

Si haces 10 cambios de modelo al día de unos 30 minutos cada uno, esta mejora equivaldrá a que cada día durante 1 hora puedas producir sin cargar ningún coste de amortización de la fábrica, ni de la maquinaria, ni del personal, ni de las oficinas.

Producir sólo al coste de la propia materia prima utilizada. Durante esa hora, ni los competidores de países más lejanos podrían plantarte cara. ¿Cierto?

Para el personal, sería como un GPS. Una herramienta que ellos utilizarán por su propio interés, sin que nadie les obligue, porque les asiste para hacer su trabajo en planta.

Pero que al mismo tiempo, nos enviará un registro detallado de la propia actividad del operario: dónde estuvo, cuánto tiempo tardó en cada trabajo o qué porcentaje de errores tuvo en su operación. Para que estés siempre informado del trabajo de tu personal en la fábrica sin que rellenen ni un solo papel.

Para los materiales, trabaja con asistentes JIT (just in time) y FIFO (first in first out) que te avisan cuanto el material se acaba en la línea y debes aprovisionar más, mostrándote entonces la ubicación del lote exacto de producto que debes utilizar, por conveniencia o fecha de caducidad, ahorrando así hasta un 10% de las mermas en materiales que se generan en una planta tipo.

Entonces, coincidirás conmigo en afirmar que con el uso de este sistema se ha simplificado el proceso de recepción y el tiempo de registro se ha reducido enormemente.

CAPITULO 9

Inventario Activo, una Revolucionaria Función que Fulmina cualquier Posibilidad de que vuelvas a Romper Stocks nunca Jamás.

Concepto

Inventario activo es un concepto que plantea un cambio en la manera en que se controlan los inventarios de las fábricas. Propone pasar de un modelo en el que simplemente registramos cada una de las transacciones de entrada y salida de los materiales ubicados en un almacén y controlamos con revisiones de inventario periódicas (semanales o mensuales) a un modelo nuevo en el que se coloca un sistema de supervisión del stock en el tiempo real.

Este método consiste en que en el propio momento en el que ese producto se va a utilizar en la planta el operario pueda marcar en su tableta cualquier incidencia o descuadre de cantidades que detecte en la referencia. Es decir, no se espera al final del mes para regularizar ese inventario sino que en el momento en que se detecta que ese producto está desviado de su stock teórico (lo que el sistema informático cree que debe haber en el almacén), el operario lo marca para revisión y de inmediato lanza una alarma que inicia un proceso de revisión del mismo en un proceso coordinado que llamamos "inventario activo".

Así pues, la primera pieza de este engranaje es el operario que marca una referencia de producto que no está correcta en cuanto a sus stocks. La otra pieza es el controler que recibe una alerta de incidencia de inventario, que le asiste para revisar la ubicación y cantidad real disponible del inventario marcado y regularizarla.

Para implementar el inventario activo es crítico controlar los materiales por lotes y no por la cantidad global de la referencia de producto. Hay que ser más afinados en el control de los materiales y saber no sólo que de un producto queda en el almacén una cantidad determinada, sino también qué cantidad tenemos de cada lote disponible en bodegas de este mismo producto. Por eso mismo, como habrás intuido, la implementación del FIFO está absolutamente ensamblada con este concepto de inventario activo.

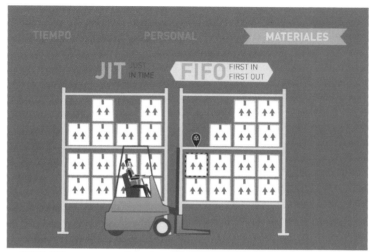

FIFO, JIT y otras metodologías para mejorar el rendimiento de materiales

De esta manera, cuando el operario llega al almacén, se encuentra en el asistente de su tableta que tiene que sacar de un determinado lote (siempre el más antiguo) una cantidad determinada y cuando se encuentra un descuadre en un lote el sistema lo guía para marcarlo y arrancar en tiempo real el proceso de inventario activo.

Esta mecánica hace que los lotes de producto sean como compartimentos estancos de material, no puedes consumir del producto sin más, sino de un lote específico de ese producto. Esta función hace que el operario, para cumplir el FIFO, termine encontrando esos descuadres y los señalen por lote.

Ello no impide que se cometan errores humanos de registro. Obviamente, puede suceder que el operario se equivoque. Por ejemplo tras hacer una entrada de 100 unidades de producto y una salida de 90, olvide un cero y registre 9 en su lugar. En estas circunstancias el sistema lógicamente creerá que tiene disponibles 91 unidades de producto cuando en realidad sólo le quedan 10. Pero en la siguiente transacción sobre este mismo producto, el operario que necesite el material será guiado por el sistema a extraer ese mismo lote que le corresponde por FIFO. El error queda encerrado dentro del propio lote, obligando al operario a verificar o marcar como erróneo ese lote antiguo antes de poder utilizar un lote posterior, dejando el error aislado en ese lote anterior y evitado la propagación del error a otros lotes. El lote se convierte así pues en una especie de "firewall" que aísla el error y facilita su localización para solucionarlo.

En ese punto, la implementación del inventario se completa pidiendo simplemente a los operarios que hagan esas marcas cuando vean un lote desviado en sus stocks para que inmediatamente un controler reciba una alerta del descuadre y lo re estabilice en tiempo real.

Problemas

Básicamente el primer problema que resuelve el inventario activo es el tratamiento del error humano en los registros de control de stocks.

La gente se equivoca en todos los sistemas de control de stocks. Incluso en sistemas como iLEAN donde hay una serie de chequeos y mecanismos Poka Yoke que reducen esa cantidad de fallos humanos, aún pueden siempre darse un porcentaje de los mismos en la propia operación de registro. No existe ningún sistema en el planeta que los pueda eliminar por completo. Creo que se puede ayudar al usuario a evitarlos, se le puede guiar en el proceso, pero no se puede eliminarlos al cien por cien.

Por eso mismo, en mi opinión, el mayor objetivo que sí se puede implementar al poner en marcha un sistema exhaustivo de control de stocks, es detectar rápido cuando el error se haya dado, aislarlo para evitar que se propague en el sistema y establecer un procedimiento para que se rectifique el fallo cuanto antes. Esto es precisamente lo que se consigue con la mecánica que te he explicado.

Supongamos, por ejemplo, que estoy en una cadena de producción de automóviles ensamblando tornillos. Que el pedido tipo de compra de tornillos es de 50000 unidades y que tengo dos lotes en el almacén. Supongamos que el sistema me dice que en un lote quedan 15000 tornillos y me señala dónde encontrarlos, pero cuando localizo el lote en el almacén, veo que sólo quedan solo 15 unidades del mismo.

El sistema me estaría entonces diciendo que quedan una cantidad de tornillos que no son los que físicamente quedan. Pero no puedo coger del otro lote porque el sistema me lo impide por la obligación que me impone de seguir la premisa del FIFO. Para poder hacerlo y seguir adelante, debo marcar primero el desequilibrio en el lote afectado.

Con esta simple mecánica el error se habrá quedado "encerrado" en el primer lote y obligará al operario a poner la alarma de descuadre para poder seguir adelante con el proceso. Por fin, cuando eso suceda, el segundo lote nos protegerá en forma de colchón de una posible ruptura de stocks en el sistema.

Por otra parte, este tipo de sistemas de detección temprana de desequilibrios de stocks evita la sobreacumulación de stocks "por seguridad" que el sistema antiguo de inventarios periódicos producía. En una mecánica por ejemplo de inventarios mensuales, tras un inventario el equipo trabaja todo el mes sin ninguna otra revisión, pero a la tercera semana del mes los stocks están desequilibrados y acumulan los errores de tres semanas. Cuando esto sucede, el equipo va perdiendo la confianza en la veracidad de la propia información de stocks de la que dispone y como reacción natural a esta falta de confianza empieza a guardar unos stocks de seguridad mayores y por ende a acumular una mayor cantidad de capital inmovilizado en stocks.

Este es precisamente el fenómeno que el disponer de un inventario que se autorregula en tiempo real elimina, reduciendo por ende el capital inmovilizado en este concepto.

El tercer problema que este "concept" resuelve es el de dotar de una mayor previsibilidad a los departamentos de compras, que saben siempre con más tiempo cualquier desvío de stocks y les ayuda a medio plazo a conseguir mejores precios al no tener que comprar nunca con urgencia.

El cuarto problema que evita es el mayor enemigo de una fábrica: la rotura de stocks. Por ejemplo, estoy fabricando un modelo de radio y cuando voy a buscar 100 unidades de una placa electrónica me doy cuenta de que no me queda ninguna. En esa situación tengo que parar la fábrica, reprogramar los trabajos, retirar todos los materiales, reordenar el personal y poner en marcha otro producto para salvar la jornada. Eso es un coste descomunal y con este modelo que te estoy presentando ese es un problema que pasa a mejor vida.

Por último pero no menos importante, el concepto de "inventario activo" elimina un problema muy incómodo y también costoso como es la propia necesidad de tener que hacer inventarios trimestrales, mensuales o semanales. Si tú tienes un sistema que continuamente está detectando desequilibrios de stocks y reequilibrándolos en tiempo real, no necesitarás hacer inventarios periódicos porque el inventario se está haciendo en pequeñas dosis cada día en cada punto de detección.

Soluciones

En mi experiencia, la solución óptima para estos problemas es la utilización de un sistema de tabletas que comunique a todos los implicados en esa operación de inventario activo. En una implementación de este tipo, podría tener una tableta cada persona de almacén o podría también habilitarse terminales táctiles en la bodega. Es un sistema, en cualquier caso, en el que el operario se maneja de una manera automatizada y sin papeles evitando la burocracia que eso implica.

CAPITULO 10

Trazabilidad Exhaustiva y Control de Costes Real por orden de Producción

Concepto

Si resulta que estoy reportando, como hemos visto en el capítulo anterior, los materiales utilizados en cada orden de producción, especificando los distintos lotes que uso para cada uno de los productos que extraigo a la línea de producción, y al mismo tiempo también estoy dejando un reporting exhaustivo de cada uno de los productos resultantes que genero, lo que tengo es la base de una trazabilidad de procesos. ¿Cierto?

Si además el producto resultante de esa orden de producción se controla, se identifica cuando es utilizado en una segunda orden de trabajo (como semielaborado) junto con otros componentes (semielaborados o no), y se mantiene un control por lotes de los distintos elaborados o

materias primas que tengo en la planta, pues resulta que estoy manteniendo una estructura de trazabilidad completamente arbórea.

Y además esta estructura de trazabilidad se va construyendo en
tiempo real, como consecuencia no buscada del uso de un sistema que se
implanta con el objetivo de ayudar al operario.

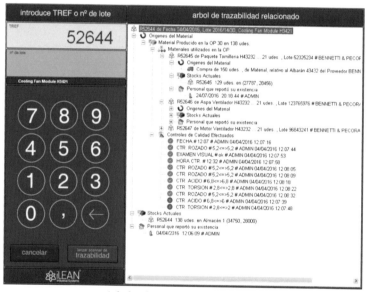

Arboles de Trazabilidad en iLEAN

Este "pequeño" detalle, marca una diferencia descomunal en este
modelo de captura indirecta de datos desde asistentes de trabajo Lean
para el personal. Porque el operario utiliza estos asistentes de motu
propio y nosotros conseguimos los datos de monitorización de su actividad de una manera mucho más inteligente y transversal a la operación
realizada.

¿Por qué el operario querría utilizar esos asistentes para reportar el material utilizado en las órdenes de producción? Básicamente porque tú has acumulado allí toda la información que necesita para desarrollar su trabajo cotidiano. En la situación actual, estamos diciéndole al personal diariamente que, cuando saquen producto a la línea, tienen que asegurarse de que están sacando el producto que le toca por FIFO, el que va a caducar antes...pero realmente no les damos herramientas.

Bien, pues la idea es tan fácil como que, si les das un asistente que les ayude a localizar el número de lote y la posición del producto que debe ser usado por FIFO, el operario va a ser el primero en ir a las terminales táctiles o a los sistemas que hemos implementado para averiguarlo en un instante y no tener que buscar tontamente el paquete en cuestión por el almacén.

Por otra parte, unimos a esto el hecho de que podemos hacer una trazabilidad hacia atrás detallada por el control en la recepción de productos de compra, como vimos en el capítulo 7. Entonces no sólo puedo saber qué lote de producto he utilizado en la realización de cada una de las órdenes de producción de la planta, sino que también voy a poder saber a qué proveedor compré ese lote de producto, qué día llegó a la planta, dónde lo posicioné, en qué bodega estuvo, qué operario realizó la transacción, qué cantidad me queda, etc, etc, etc. ¡Absolutamente todo!

Con lo cual el primer bloque nos va a dar la trazabilidad de proceso sin ningún esfuerzo con el simple uso por parte de los operarios de los asistentes FIFO para extracción de materia prima. El segundo bloque, ensamblado con el primero, nos dará trazabilidad total del producto desde el proceso y hacia atrás hasta el origen de cada material.

Lo curioso de este modelo es que si le das una vuelta más, te das cuenta de que también puedes tener el control de "coste real" para cada una de las órdenes de producción agregando a este control simplemente el dato de a qué precio compré la materia prima.

Es decir puedes saber que has conseguido producir determinada cantidad de unidades a un precio exacto teniendo en cuenta mermas, sobreconsumos, etc. ¡Coste real por orden de producción! Con este concepto se fusionan dos mundos que históricamente han estado encontrados Trazabilidad y Eficiencia Industrial. Ahora, en el modelo paperless plant estos dos mundos no sólo no están enfrentados sino que simplemente son lo mismo.

Por otra parte, si controlo además los lotes que envío a cada uno de nuestros clientes para asegurar la trazabilidad hacia adelante, resulta que con un proceso automatizado y a través de tabletas, puedo cerrar por completo el círculo de la trazabilidad.

Finalmente, para no sólo tenerla, sino también poderla consultar con eficacia, a este concepto de trazabilidad total se le ensambla un scanner de trazabilidad que colocándole una referencia del lote del producto acabado, es capaz de desplegar todo el árbol de composición, con todos los lotes y toda la información detallada tanto de trazabilidad como de costes reales de producción.

Problemas

¿Qué problemas viene a resolver este modelo?

El primer problema que este sistema resuelve es el hecho de que la trazabilidad desarrollada con en el enfoque tradicional de control era sencillamente un coste más que había que cargar sobre nuestros elaborados y como verás, esto no tiene porqué ser así.

En la Unión Europea la legislación actual en cuanto a trazabilidad de alimentos exige que distingamos cada lote de material producido o transformado en la empresa y además que para cada una de estas producciones seamos capaces de identificar los distintos lotes de materia prima que se hayan utilizado en ella.

Detalle web FSMA

En el ámbito de la industria automotriz, tanto la norma IMDS como la ISO 16949 exigen la trazabilidad y el control exhaustivo de los componentes utilizados en un automóvil aunque estos hayan sido fabricados o ensamblados en distintas fábricas de diferentes países. En alimentación, la ley europea de trazabilidad 178/2002 o la FSMA norteamericana exigen que seamos capaces incluso de inmovilizar una partida de producto, ya sea nuestra o de cualquier proveedor, tanto en nuestros almacenes como en los envíos a clientes, lo más rápido que se pueda. A raíz de normativas y leyes como estas, la industria en general se obligó a mantener un control de trazabilidad en sus fábricas y todas aquellas empresas que utilizaron el modelo antiguo de control de trazabilidad se lastraron con un coste innecesario. Había que poner documentación por toda la planta, donde cada transacción, cada movimiento quedara escrito en papeles (caducidades, lotes, orígenes). Luego había que seguir y perseguir esa información a través de toda la cadena productiva. Para al final, acopiar toda esa información en papel e introducirla en algún sistema informático, cargando, con este enfoque de control para mi erróneo a la estructura de la empresa con papeles y burocracias que complicaban los procesos en la planta.

Evidentemente era un enfoque inadecuado que terminó sobrecargando de coste a nuestra industria de una manera brutal y, finalmente, llevando ese sobrecoste al cliente innecesariamente. Porque, como hemos visto en los primeros segmentos de este capítulo, hecha de la manera adecuada la trazabilidad y la eficiencia no sólo no son incompatibles, sino que son lo mismo. Así que no necesitarás compatibilizar trazabilidad con LEAN, pero si deberás enfocar esta cuestión de la manera adecuada.

De esta manera, con el enfoque correcto, el coste de la trazabilidad es y debe ser CERO, ya que se genera de manera colateral, por consecuencia natural del uso de unos asistentes de trabajo Lean que los operarios además utilizan por su propio interés, sin que nadie en la planta esté haciendo absolutamente nada por la trazabilidad. Trabajar para la eficiencia y recibir la trazabilidad como recompensa extraordinaria. Este es el secreto de una implantación "paperless plant" y no te quepa duda que las consecuencias que genera ese cambio en el flujo de la información de planta son probablemente unos de los mayores hallazgos desde le introducción del Lean en la industria.

Por otra parte, este concepto rompe también con el dogma de que la trazabilidad y la calidad son un coste. Ya que con un diseño adecuado del sistema de control, ambas se integran dentro de un mismo modelo y aportan mecánicas para mejorar la eficiencia. Como veremos en capítulos posteriores.

En la mayoría de las industrias donde la trazabilidad fue una obligación legal, se terminaron implantando sistemas de trazabilidad ad hoc específicos, completamente colaterales al ERP y a veces ni siquiera ensamblados con él, generando un despilfarro brutal de recursos, que rápidamente pagan cuando se ven incapaces de enfrentarse con un competidor que, haciendo el enfoque adecuado sobre esta cuestión, haya implantado un sistema paperless plant para el LEAN y consiga su trazabilidad y eliminar automáticamente su ERP sin ningún otro sistema adicional.

Soluciones

La solución óptima para mí pasa porque en las zonas de trabajo donde se extrae materia prima a las líneas de producción haya terminales táctiles donde el personal pueda dejar el registro de cuáles son los lotes que están utilizando de cada una de las materias primas para cada uno de esos productos. Esa es la manera más eficaz de dejar el rastro que es la base sobre la que se fundamentan las ventajas que se obtienen alrededor de la trazabilidad exhaustiva y el control de coste real por cada uno de los productos elaborados. Cualquier otra mecánica en papel tiene todos los inconvenientes que ya sabemos.

Tabletas utilizables en planta

A través de un sistema de dato único tienes un control específico de posición, lote, cantidades de cada uno de los productos que tienes en el almacén. Esos sistemas en tabletas están diseñados como asistentes de trabajo para el personal ayudándolo a resolver sus tareas. El operario está feliz de poder utilizarlos. No hay que forzar a nadie a introducir los datos y toda la información fluye de manera natural.

Es fundamental también que toda la información generada por los asistentes Lean de planta se capte automáticamente por parte del ERP y se eviten los costes de introducción de esta información que tendríamos de lo contrario.

CAPITULO 11

Abandonar tu Trabajo de "policía" para volver a ser Manager de Planta
Los datos ahora llegan a ti en lugar de perseguirlos

Concepto

El concepto que te planteo en este capítulo es muy importante. Si hemos construido un sistema capaz de monitorizar toda la actividad de la planta enterándonos en tiempo real todo lo que en ella ocurre, podemos cambiar la manera en la que trabaja otra de las piezas críticas de nuestra productividad y del engranaje del funcionamiento de la planta. Me estoy refiriendo al personal de control, los cargos intermedios: jefe de línea, jefe de planta, jefe de sección, jefe de mantenimiento, jefe de grupo, jefe de calidad, jefe de diferentes operaciones y de los sistemas de los que depende el funcionamiento de la fábrica.

¿Cuál es la manera en la que este tipo de personal trabaja actualmente? Llega a la fábrica, recibe las programaciones en papel y empieza a repartirlas. Hace un seguimiento periódico para saber cómo está funcionando todo y en su rutina de revisión continua de todos los procesos es como se entera de cualquier anomalía que esté aconteciendo en la planta.

Lógicamente, este "exhaustivo" tipo de trabajo le impide hacer cualquier otra cosa. No puede desarrollar análisis de mayor nivel ni capacitarse porque está todo el tiempo haciendo rondas de seguimiento. Básicamente hace de policía.

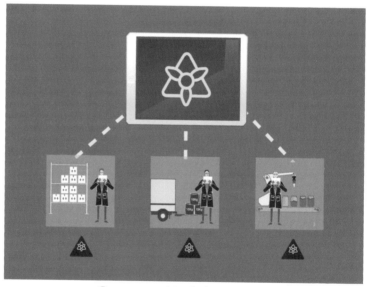

Captura automática de datos de planta

Realmente, el modelo invertido de datos que genera el sistema paperless plant que te estoy explicando nos permitiría que esa información fluyera de manera diferente. De manera que nuestro controler, en lugar de ir a los centros de trabajo para enterarse de todo lo que está sucediendo, recibiría toda esa información automáticamente.

Para ello tendría que haber en cada centro de trabajo tabletas o terminales táctiles donde los operarios registraran lo acaecido y no habría más registros escritos en papeles. Esto haría que el personal de control pudiera volver a management real de la planta, a la supervisión inteligente y a mejorar los procesos, o sea, volver a la esencia de su trabajo, aquello para la que está formado y dejar de ser policía.

Con un sistema de paperless plant, los operarios registran en la tableta el dato y este fluye automáticamente en forma de alarma cuando corresponde. Las alarmas avisan al personal de control sólo en caso de que sea necesario, ahorrando miles de euros o dólares al mes en supervisiones vanas y en rondas de vigilancia.

Con este nuevo modelo, el controler se dirige a las zonas de trabajo cuando ya ha detectado un funcionamiento anómalo en el personal, en los materiales o en las máquinas, porque lo avisa la monitorización en tiempo real que recibe.

El dato llega automáticamente en un flujo continuo a tu tableta en cualquier lugar donde esté en la fábrica. Por ejemplo, el controler puede estar en el laboratorio probando un producto o con un proveedor analizando un nuevo componente que puede mejorar la productividad o una nueva materia prima que puede rentabilizar aún más el producto que estamos haciendo.

En definitiva, con este modelo que te recomiendo, el controler vuelve a trabajar en aquello para lo cual la empresa lo contrató en su día y sin necesidad de seguir en sus labores de "policía" de la planta que a menudo ha tenido que aprender por su puesto de responsabilidad.

Problemas

¿Qué problemas resuelve este concepto de vuelta a los orígenes en el rol de los controlers de planta?

El primer problema que esta implementación resuelve es que elimina el desagrado del personal de control por ese componente "policial" que su responsabilidad implica. Ellos estudiaron, se formaron, se desarrollaron profesionalmente, hicieron un master en temas relacionados con su experticia. Por ejemplo, en la industria automotriz se especializaron en modelos de procesamiento en SMED, en FIFO o en Just In Time; en la industria alimentaria, en conseguir la máxima seguridad o inocuidad de los alimentos, etc., etc., etc.

Es decir, el personal de control a menudo no está a gusto, porque no está desarrollando en el ámbito profesional el trabajo para el cual se formó, sino que está haciendo otro, el de policía.

Y esto hace que en esos puestos haya una rotación de personal intermedio muy alta, cuestión que trae muchísimos inconvenientes en las fábricas. Con este modelo la razón de base de esta insatisfacción se rompe, porque ese personal ya no necesita ser policía. El propio sistema es quien hace la supervisión, levanta las alarmas que se requieren y en tiempo real coordina al personal que ha de intervenir en cada proceso o incidencia.

El segundo problema que este concepto viene a resolver es el de la infrautilización de las cualidades y formación del personal de control de planta. Resulta que contratas a una persona para determinada función y se pasa el tiempo perdiendo un montón de horas haciendo tareas administrativas. En el modelo invertido paperless plant esto no es así, ya que los datos llegan a los sistemas automáticamente alimentados por los propios monitores de la actividad de planta que el sistema paperless genera.

Por otra parte, la utilización de este modelo elimina también la dependencia insana de determinado personal de control en planta, quienes a menudo van absorbiendo multitud de tareas variadas en la empresa hasta ser imprescindibles casi sin darnos cuenta. Arrastrando a menudo esta situación, hasta que un día un caballero en cuestión se toma vacaciones y nadie parece saber cómo funciona nada en la fábrica.

Otro problema que resuelve este enfoque es la sobresaturación del personal clave. Es un tipo de usuario que suele salir a horas intempestivas de la fábrica, que tiene que trabajar muchísimo, porque la fábrica no puede prescindir de él para el funcionamiento normal. Y este camino es un pez que se muerde la cola porque finalmente este personal termina alcanzando su grado de saturación, teniendo por ende un rendimiento menor.

El modelo paperless plant está diseñado para hacer pública toda la información necesaria para el funcionamiento crítico de la planta y de disgregar las responsabilidades en más cantidad de personas, evitando los problemas típicos de desorden absoluto en períodos vacacionales.

Soluciones

Desde mi punto de vista, la solución a estos problemas pasa por la disposición de terminales táctiles en los centros de trabajo para que el personal, en lugar de rellenar los papeles con los eventos que están sucediendo en la línea, pueda dejar esos registros directamente en las tabletas permitiendo que esa información fluya de manera inmediata hacia los controles de planta.

Se evita así que el sistema de control tenga que hacerse por rutinas de revisión o rondas de vigilancia, sustituyendo esto por sistemas de alerta automática levantados por la propia monitorización de la actividad en el centro de trabajo.

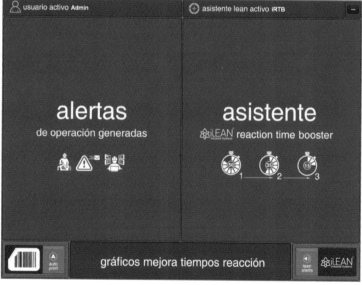

Asistente Reaction Time Booster

Esta es la solución óptima para mí y consiste en captar la información en tiempo real a través de pantallas táctiles en el centro de trabajo y disponer una tableta o un dispositivo para el personal de control en el que pueda recibir esas alertas de manera inmediata.

Consiguiendo así dos grandes ventajas:

1. Evitar la pérdida de tiempo en el trabajo inútil de revisión rutinaria

2. Aumentar la velocidad de respuesta de nuestro personal de control a cualquier eventualidad. Se tarda mucho menos tiempo en resolver lo que sea si yo me entero en el mismo momento en que sucede, que si el operario tiene que dejar registro y a mí me llega la información cuando periódicamente recojo esos datos en papel y los analizo.

Otra solución, además de captar automáticamente la información, es la posibilidad de desglosarla o distribuirla sobre cada perfil. Es decir si tiene que ver con mantenimiento, que sea este departamento el que sea avisado; si tiene que ver con tiempos, avisar al responsable de tiempos.

Con estos dos componentes, la captación de la información y la distribución a quien corresponda, es como en mi opinión se consigue la solución óptima.

CAPITULO 12

Utilizar tus Consumos de Material como Humo que señala el Fuego de cualquier Improductividad en Planta

Concepto

El concepto que quiero abordar en este capítulo es una de las razones por las que he estructurado el libro tal como está. Tras los primeros capítulos de explicación genérica del concepto paperless, estoy ahora penetrando en el tema del management o control específico de la planta iniciando mi viaje por el control de los materiales.

Ya te he hablado de un montón de cuestiones que giran alrededor de la trazabilidad hasta llegar a este punto en el que hemos visto cómo podemos tener un control de coste real por cada una de las órdenes de producción. Es decir, una fotografía productiva de qué tal estuve en cuanto a materiales en relación a mi coste productivo.

Pero los materiales no han tenido un papel capital en este libro hasta el momento, no porque yo piense que son lo más importante que hay en una fábrica, sino porque pienso que la importancia de controlar exhaustivamente los materiales reside en que funcionan como el humo que señala el fuego de cualquier improductividad tanto si viene de materiales como si no.

Veamos un ejemplo. Si estoy en la línea de inyección de líquidos y tengo una obturación en uno de los inyectores, es verdad que el problema lo tengo en la máquina. Un problema así en la mayoría de los casos me obligará a parar, a vaciar tuberías, a limpiar, a revisar los inyectores, volver a colocar, etc.

Pero si te fijas, en cualquiera de esas circunstancias, el consumo de materiales se verá afectado. Tendré que tirar la materia prima que estaba en la cañería, porque ha estado parada en condiciones inadecuadas durante demasiado tiempo. Si además tengo que cumplir normas IFS dentro de la casa, depende del tipo de ISO, todavía con mayor obligatoriedad me veré obligado a tener que mermar determinada cantidad de materias primas.

Y aquí está la clave de lo que te estaba diciendo.

Independientemente de que tenga la incidencia productiva en una línea de producción debido a una persona que tiene algún problema, a un desperfecto de la máquina o a la materia prima que no está rindiendo como corresponde, en cualquiera de los tres casos e invariablemente la materia prima se consumirá en exceso.

Como te decía, los materiales probablemente no serán lo más importante en cuanto a coste dentro de procesos productivos, pero a lo largo de mi vida profesional el centrarme primero en el control exhaustivo de los materiales me ha servido precisamente para encontrar las improductividades cualquiera que fuera su origen. Los materiales funcionan como el humo que señala la improductividad de una línea, de una planta, de una sección.

La primera pieza sobre la que este concepto se fundamenta, es la de controlar de manera exhaustiva los consumos de materiales en las líneas, desglosado por lotes sus consumos hasta tener una "fotografía productiva" exacta de la utilización de materias primas por cada orden de producción.

Aun así, mi recomendación para iniciar tus trabajos en esta línea es que los combines aplicando además previamente PARETO a tu ecuación de trabajos. Esta teoría señala que el 80% del beneficio o revenue de una corporación suele descansar en el 20% de las referencias.

De manera que, si centras tus esfuerzos primero en controlar ese 20% de referencias que copan tu Pareto, estarás mucho antes trabajando sobre aquello que puede más rápidamente darte resultados.

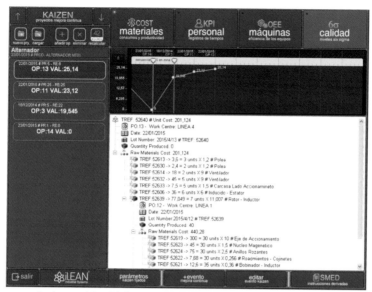

Imágenes del módulo KAIZEN de iLEAN www.ilean.ws/i-kaizen

Si utilizas esas dos piezas como tándem y analizas los escáneres de trazabilidad o control de coste real por orden de producción con aquellos productos primero que son más susceptibles de tener mucha carga de productividad o de revenue en el caso de encontrar una improductividad, vas a ser mucho más eficaz en tu trabajo.

El tercer punto de este concepto es puro método. Una vez que hayas seleccionado qué producto quieres analizar sobre Pareto, eliges cinco referencias que sean tus 5 productos estrella, haces tres fotografías productivas a cada elaborado en distintos momentos del plan de producción. Le das una calificación a cada una de ellas en cuanto al consumo de materiales.

Supongamos que esas secuencias de fotografías productivas, fueran bastante estables; 4,5; 4,6 y 4,4. Bien, pues en esas circunstancias, sabrás que para ese producto lógicamente es posible mejorar su productividad pero que para hacerlo deberás revisar sus procesos en detalle. Porque a juzgar por la estabilidad de sus fotografías productivas, lo estamos haciendo siempre igual de bien o de mal. Pero siempre igual.

Pero, ¿y si por un casual alguna de esas fotografías productivas sacara un valor "desequilibrado" en alguno de los casos analizados?

Si alguna de esas fotografías productivas sacara que en cierta OP se ha alcanzado un valor de productividad de 6,5, uno inmediatamente se pregunta ¿por qué no producimos siempre a 6,5? En esas circunstancias, uno sabe que si con las mismas personas, misma maquinaria y misma materia prima, una vez cada x producciones soy capaz de producir con un 10 o un 20% más de productividad, averiguando el porqué de esa productividad tan distinta, llegaré fácilmente a la enorme bolsa de dinero para la corporación que se generará al hacer que la planta produzca siempre para ese referencia en las mismas circunstancias que generaron un valor muy superior en productividad.

Problemas

¿Qué problemas resuelve este concepto?

Si identificas las razones por las cuales de vez en cuando tienes una mayor o menor productividad, atacas la línea de flotación de algo muy típico que nos sucede. Un día miras un parte de producción, ha habido una incidencia determinada y tienes la sensación de que esto te ha pasado antes ... una sensación de deja vu.

Y ¡claro que te ha pasado antes! Si navegaras en un montón de papeles, te encontrarías con que eso (por ejemplo la obturación del inyector) te ha pasado 7 veces anteriormente y se ha debido a determinadas razones.

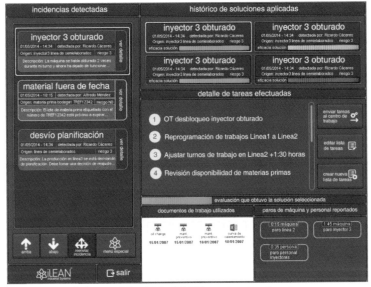

Imágenes del módulo iLEAN reaction time booster

Y el problema de la sensación de deja vu se da porque no tienes una herramienta que te ayude a identificar y solucionar cada uno de los inconvenientes que nos suceden a diario en la fábrica. Con esta metodología que te estoy explicando sí lo puedes resolver y eso te llevará a un nuevo nivel en la productividad de tu planta.

El segundo problema que viene a resolver este concepto se relaciona con el hecho de que cuando uno quiere empezar un proceso de mejora continua o Kaizen, necesita saber por dónde empezar, debe tener un método de medición, prueba de mejora y nueva medición.

Necesitamos un método semiautomático que nos permita ver cómo voy evolucionando según las mejoras aplicadas. Este método pone el sustrato para poder encontrar el patrón base del cual partir para hacer un proyecto Kaizen. Esto no es una cuestión menor. Encontrar el patrón base de Kaizen no es tarea fácil y si uno no inicia un proyecto de mejora continua a partir de ahí, pronto tendrá la sensación de estar construyendo algo sobre una base móvil.

Por último, la implementación de este concepto resuelve un tercer problema tan importante como es el hecho de que el personal en la planta es un recurso siempre limitado. Uno siempre tiene menos personal del que necesita. Pero si lo utilizas con Pareto y con un método que no les haga perder el tiempo, el personal te va a rendir lo suficiente para conseguir esos objetivos y mejorar tu productividad metódica y paulatinamente.

Estos son los tres grandes problemas que este concepto te ayuda a resolver en planta.

Soluciones

Para mí la implementación óptima de este concepto, pasa por la instalación de tabletas o equipos electrónicos en cada centro de trabajo para que los operarios puedan dejar un registro ultra exhaustivo y automático de la cantidad de materiales utilizados, un registro de todas las transacciones de materiales que se están utilizando en una orden de producción; para poder tener reporting muy detallados de materia prima utilizada y así poder obtener esas fotografías productivas de manera automática en mi despacho, sin tener que perseguirlas y sin tener que desgastar a mi personal introduciendo toda esa información.

La segunda parte de esta solución pasa por disponer de una herramienta de análisis de datos de evolución en las distintas fotografías productivas de Pareto. Si tenemos un panel donde podamos ver la evolución de la productividad de cada una de las órdenes de producción, de cada uno de los productos analizados, podremos ver de manera eficaz y, sin duda ninguna, si estoy o no encontrando aquellos inconvenientes que están generando las improductividades.

Con estas dos piezas se construye la solución idónea, y las dos tienen mucho que ver, lógicamente, con tecnología.

CAPITULO 13

Hasta aquí puedes llegar con un ERP. A partir de aquí es Zona Inexplorada

Concepto

Con muchos ERPs puedes llegan al punto de tener un control de coste real por orden de producción. El único problema es que llegas con todo tu personal exhausto, harto de perseguir los datos, de buscarlos, de tipearlos en el sistema informático para por fin tenerlos en algún formato encima de la mesa el día en que necesitas explotarlos. Pero, hasta ahí si puedes llegar con trabajo y método. Pero tú tienes otras necesidades en planta. De hecho, tienes todas las necesidades que giran alrededor del LEAN Manufacturing. ¡Y te aseguro que eso no es una cuestión secundaria!

¡No puedes coartarte ni seguir utilizando papeles y herramientas de la época del pleistoceno o Excels, para manejar un sistema de control de eficiencia industrial que fácilmente puede resultar ser más complejo incluso que cualquier necesidad del departamento de finanzas!

Y aunque hasta aquí puedes llegar con un ERP. La gran diferencia con el modelo invertido del paperless plant es el tiempo, el coste y el esfuerzo que desarrollar ese trabajo te llevará. Eso, y la cantidad descomunal de ventajas que se quedarán encima de la mesa por no implementar en tu planta soluciones en el ámbito de los sistemas de management e incremento de la productividad o LEAN Manufacturing.

Problemas

Uno de los problemas de esta zona inexplorada que este concepto resuelve es la eliminación de estos "reinos de taifas" o pequeñas islas en las que se han ido convirtiendo algunas fábricas por esa desconexión "histórica" con el departamento de sistemas. Sin embargo, es crítico el hecho de que puedas tener toda la información en dato único y que fluya automáticamente en forma natural entre todos los distintos departamentos de la empresa.

El segundo problema que este concepto puede resolver es que, al utilizar tecnología, podrás abordar todo el abanico de problemas de productividad que tienes en planta y que el ERP no abarca. Esos pequeños problemas que nos impiden andar en la línea del Lean Manufacturing, aplicar Kanban para el control de los trabajos, Kaizen para mejorar la productividad, etc.

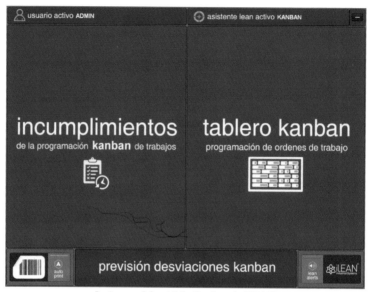

Imágenes del módulo Kanban de iLEAN

Uno de los tutores que en más estima tengo solía comentar que la única manera de mejorar la productividad de una planta era resolver paso a paso los pequeños problemas cotidianos que en ella surgen (mejora continua).

Con el pasar de los años, debo decirte que cada vez estoy más de acuerdo con esa idea. Hasta el punto de decirte que hoy no creo ya en gurús. Sólo creo en el trabajo metódico y controlado que te permita identificar sin duda tus errores en planta y utilizarlos como escalones en la escalera hacia un incremento de productividad.

El tercer problema que este enfoque resuelve es el abordar en serio la cuestión del Lean Manufacturing en la planta y a través de herramientas adecuadas.

Y el cuarto es la solución que propone a la manera en que se alimentará de datos el ERP. Datos que, aunque puedan ser estructuralmente distintos, siempre podrás conseguir generar por resumen o agrupación.

Por ejemplo, si tú quieres hacer en planta un control exhaustivo del registro de tiempos consumidos por el personal en una sección (saber dónde estuvieron trabajando, qué estuvieron haciendo, durante qué tiempo, etc.) y resulta que en tu ERP puedes meter esa misma información pero estructurándola de manera distinta, con el sistema de planta más exhaustivo, podrás siempre resolver la cuestión de control en detalle que necesitarás para la fábrica, pero al mismo tiempo igualmente podrás darle por agrupación los datos al ERP como los necesita.

Es por eso que el concept de paperless plant, es tan útil también a nivel de datos.

Resolverá tus cuestiones industriales pero siempre tendrás la "materia prima" en los datos de planta, necesaria para alimentar los otros sistemas con los que te integres.

Soluciones

La solución óptima para mí en este ámbito, pasa por buscar un sistema informático paperless con pantallas táctiles que funcione como una capa superior de tu ERP y que capture toda la información de transacciones y actividad de tu planta, y lo lleve a un sistema asistente de datos único que haga fluir estos datos también hacia tu ERP con normalidad.

Esta solución te va a permitir introducirte en esa zona inexplorada (más allá del ERP) haciendo que esa herramienta se alimente de toda aquella información que tiene el ERP automáticamente y se la devuelva luego tras procesarla, una herramienta que trabaje en forma sinérgica con el ERP, se alimente de él y lo alimente a su vez, dándote los servicios que necesitas para el manejo de la productividad en tu planta.

CAPITULO 14

Segundo Nivel de Control Lean. Navega esa Zona Inexplorada

Concepto

El concepto que voy a explicar en este capítulo se desarrolla habitualmente ensamblado con el que hemos visto en el capítulo 11. Allí partíamos de los materiales y de un análisis de Pareto de sus consumos para encontrar fuentes de improductividad en tres fotografías productivas donde advertíamos una desviación a grandes rasgos y que en ese momento no podíamos explicar.

Cuando terminamos esa primera fase de la utilización de los materiales como humo que señala el fuego de una improductividad, puede darse que, tras los primeros análisis, encuentres que en una vez cada tres producciones un producto determinado tenga una caída de productividad. Alcanzas un estado en tu control de la planta en el que sabes lo que sucede pero no porqué sucede y cómo lo puedes resolver.

El concepto que voy a desarrollar ahora está basado en saber porqué sucede, cómo resolverlo ahora y cómo hacer para que la causa de esa desviación de productividad no se vuelva a repetir en tu proceso cotidiano. Es decir localizar, explicar y erradicar cada fallo productivo en la planta poniendo los sistemas preventivos necesarios para ello.

El primer paso es implementar un primer nivel de control sobre los materiales que me señala dónde tengo una improductividad y entonces poder centrarme en ella. La focalización es crítica porque en una fábrica suceden muchas cosas y uno no puede estar concentrado en todas ellas a la vez. Tienes que mantener tu atención focalizada. Hay que enfocarse en ese señalador.

Por eso te recomiendo que, es este primer nivel de control, trabajes primero en Pareto y luego en localizar fuentes de improductividad gruesas, saltos de productividad sustanciosos. Sólo cuando hayas constatado que en un producto determinado, con cierto patrón cíclico, hay un salto de improductividad una vez cada tanto, entonces activar sobre él un segundo nivel de control que pueda responder las preguntas que necesitas para erradicar el problema que se haya dado en esa producción.

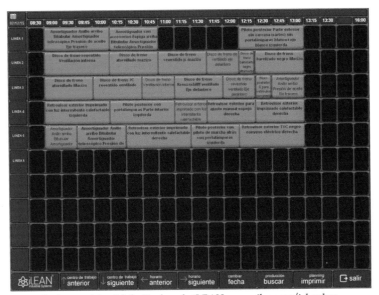

Imágenes del módulo Kanban de iLEAN www.ilean.ws/i-kanban

El segundo nivel de control consiste en solicitar a tu personal que a partir de ese momento efectúen en las zonas de trabajo para ese producto, además de los registros habituales, todo un nuevo panel de registros sobre los eventos que hayan sucedido durante el tiempo productivo y tiempos que a cada evento que le hayan dedicado. Por ejemplo, "avería eléctrica durante treinta minutos debido a un sobrecalentamiento de los inyectores".

Este segundo nivel de control es muy exhaustivo en cuanto a la información que se registra sobre la actividad productiva y no te recomiendo que lo hagas de manera masiva en toda la planta. Primero, haz una Pareto para centrarte en los productos que te van a dar resultados más rápidamente; después, trabaja en aquellos productos del Pareto donde detectes algún inconveniente sustancial que, si lo localizas, pudieras poner dinero rápidamente sobre la mesa de la corporación; y tercero, pide recursos para que se haga ese segundo nivel de control sólo en aquellos productos en los que tienes altísimas sospechas de encontrar oro.

Problemas

¿Qué problemas puede resolver el concepto que te propongo implementar en este capítulo?

En primer lugar, elimina la elucubración al respecto de las razones por las que se haya generado cualquier problema o incidencia que hayas tenido en la planta. Se elimina el "yo pienso..." que es totalmente inútil en una fábrica, ya que no se pueden tomar decisiones basadas en elucubraciones. El primer efecto pernicioso que desaparece con la eliminación de la "incerteza" del porqué de cada problema en planta es precisamente la parálisis que esta situación genera. Con un escenario de incertidumbre en el que las decisiones simplemente no se toman (por falta de certidumbre) y los problemas permanecen en el tiempo in eternum.

En segundo lugar, se localizan los gránulos de improductividad en tu fabricación. Uno entra todos los días a la fábrica y va resolviendo los inconvenientes a medida que se van presentando, pero no siempre somos capaces de encontrar las causas de fondo.

¿Te ha pasado eso alguna vez? Bien, pues para poner en marcha un proceso de mejora continua o un Kaizen, debes poner los mecanismos que te ayuden a que eso no te vuelva a pasar más. Utilizar así los propios errores detectados como escaleras hacia el éxito, mejorando paso a paso tu productividad.

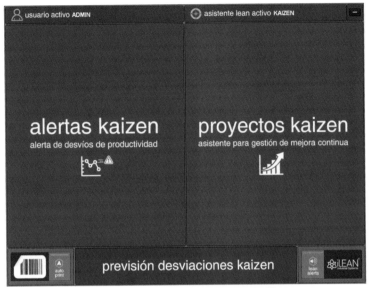

Imágenes del módulo Kaizen de iLEAN

El tercer problema que resuelve en la planta es la dispersión o la pérdida de foco que genera el desconocer qué problemas de los que nos suceden a diario realmente importan y cuales en realidad no son tan importantes ni generarían grandes inconvenientes per se. Si pudiéramos tener una manera de medir qué impacto tiene el trabajo de control que estoy haciendo en un lugar determinado en relación con otros, algunos los dejaríamos de hacer porque consumen recursos y no tienen tanto interés. El segundo nivel de control ayuda a mantener el foco bien claro en donde centrarse para conseguir revenue.

Por último, el cuarto problema que se resuelve con este sistema es la sincronización de los trabajos. Si tú habilitas en un segundo nivel de control en planta, con una mecánica a través de la cual le vas a decir al operario que, cuando arranque la producción, tenga cuidado con el inyector porque se obtura a menudo y sepa que va a necesitar un tornillo para solucionarlo inmediatamente, lo único que debes hacer entonces es procurar que ese tornillo esté donde tiene que estar para que cuando eso suceda de nuevo todo esté previsto. Desde luego toda esta metodología de seguimiento puede estar explicada fácilmente en una pantalla táctil, diciéndole al operario simplemente qué hay que hacer en cada circunstancia de una manera fácil y en forma de asistente paso a paso.

Soluciones

Para mí la solución óptima a este problema es la utilización de pantallas táctiles o tabletas en las zonas de trabajo donde los operarios puedan dejar registros de eventos en los productos a los que se les haya habilitado un segundo nivel de control, una especie de fotografía de mayor resolución de lo que está pasando en la producción. Por otro lado, la solución óptima implica que esos operarios puedan evitar un problema con una comunicación de procedimientos desde el control hacia ellos, en la que reciban a través de la pantalla las instrucciones, paso por paso, para que esos problemas se puedan prevenir y no se repitan en la producción que va a empezar.

CAPITULO 15

Piensa bien en que Inviertes el Tiempo de tu Equipo en la Planta. Pareto te Ayudará

Concepto

Hemos hablado de Pareto en capítulos anteriores. Es crítico a la hora de decidir en qué centrarte para detectar y resolver errores o ineficiencias productivas. Pero, más allá de ese ámbito, mi recomendación es que utilices Pareto en todo.

Creo que pensar antes de actuar marca la diferencia entre un tipo de manager y otro. Me refiero a que, en cualquier cosa que quieras hacer, lo primero que debes pensar es cuál es el potencial revenue que puedas recibir de esa acción.

Previamente, debes intentar identificar cuanto antes aquellos aspectos del trabajo que vas a desarrollar que tienen más posibilidades de dar ese revenue, para tener la certeza de que en cada cosa que abordes existirá un Pareto dentro de ella, y buscarla para inmediatamente empezar a dedicar más recursos a aquellos puntos de tu análisis que más potencial tengan.

Pareto es una ley universal. Está en toda la naturaleza y en todo lo que los humanos construimos. Pareto es fractal, es siempre un desarrollo asimétrico. El hecho de centrarte primero en Pareto siempre te va a llevar a mejores resultados, no sólo a largo, sino también medio y corto plazo.

principio de pareto
la clave tras un proyecto Lean <u>exitoso</u>

20% effort

80% results

el 20% de tus acciones Lean generará el 80% de la mejora de productividad que conseguirás

80% effort

20% results

Lo otro que te recomiendo que analices es el hecho de que siempre hay un Pareto dentro de cada Pareto. Por ejemplo, haremos un análisis de Kaizen en el que primero nos centraremos en aquellos productos que forman parte de nuestro Pareto. Y, cuando por fin hagamos el primer ciclo y localicemos los problemas o las improductividades que están generándose en ese producto, dentro de la lista de posibles improductividades vas a encontrarte otro Pareto. Si hay diez, dos de ellas serán las que concentren el 80% de las incidencias en ese producto. Un Pareto dentro de otro Pareto y dentro de ese Pareto habrá otro Pareto.

De manera que a menudo para encontrar las causas de cada improductividad y prevenirlas en el futuro, dentro de 10 posibilidades, 2 de ellas concentrarán de nuevo el 80% de los posibles orígenes de improductividad (en la realidad y en la práctica) mostrándote como te digo un pareto de otro pareto.

Y en definitiva se pondrá a tu abasto la posibilidad de sacar siempre el máximo revenue de tus esfuerzos de control en la planta, pensando bien antes de ponerlos en marcha, en donde es que lo que vas a hacer.

Problemas

¿Qué problemas son los que resuelve este enfoque de Pareto para todo lo que hagas en la planta?

El primero es el hecho de que todo tu equipo se focaliza y se alinea de manera inmediata hacia los objetivos críticos de tu trabajo.

El segundo es que tu personal entrará sin darse cuenta en un círculo virtuoso que, no sólo los centrará en lo importante de cada operación, sino que irá eliminando lo que con el tiempo se constate que es irrelevante o improductivo. Esto se consigue por los datos. Uno pudo haber intuido que algún trabajo en planta no era tan importante, pero se sigue haciendo porque en realidad no está seguro de ello y no puede correr el riesgo de que sí lo sea. Es la certeza que te da un sistema informático que te lo asegure con su información "dura" lo que te permite quitar las partes improductivas de tus procesos, la "grasa", lo inútil de ello y hacer que tu producción sea 100% Lean Manufacturing.

Soluciones

La solución óptima es que el sistema que configures para el management de tu planta esté centrado al 100% en Pareto. Este punto es crítico en la construcción de tu sistema de control y te ayudará a sacar el rendimiento máximo de tus recursos, a enfocarte en lo que realmente es importante en la planta y a no agotar tus recursos de personal en cuestiones vanas.

Para lograrlo debes trabajar duro en que todo lo que tenga que ver con información de planta para la toma de decisiones sea siempre fiable al 100%.

CAPITULO 16

Kaizen, un Monstruo difícil de Dominar pero Capaz de Generar hasta un 40% de Incremento de Productividad en tu Fábrica.

Concepto

El concepto que voy a desarrollar en este capítulo está formado por cuatro piezas:

- Un sistema de detección de errores a grosso modo basado en Pareto, llamado primer nivel de control. Es un sistema que nos brindará a grandes rasgos una primera fotografía, a la manera de Google maps, y nos dirá dónde hay un problema. Te recomiendo que lo hagas sobre materiales ya que, como ya vimos, son como el humo que señala el fuego de las improductividades. En tres fotografías productivas me señalará a grandes rasgos las diferencias de productividad para indicar cuál es el inconveniente. Con este nivel de control, tendré la constatación de que de vez en cuando sucede un problema, pero todavía no sabré las causas que lo originan.

•   Con la habilitación del segundo nivel de control sobre un producto, podré explicar su origen en cuanto esa misma incidencia productiva se dé de nuevo. En este sentido, la idea es similar al hecho de dejar un cepo para "cazar" el error la próxima vez y analizarlo en detalle. Para eso necesitaremos que sobre los productos señalados para este control de segundo nivel, los operarios nos dejen un registro ultra exhaustivo de todo evento que se haya dado durante el proceso productivo.

•   La identificación del gránulo o error que origina un problema productivo. Sin elucubraciones, simplemente el causante identificado empíricamente de una incidencia productiva.

•   La puesta en marcha de una medida preventiva para evitar que este mismo problema vuelva a pasar. La introducción de esta medida correctiva cierra el círculo de Kaizen y es lo que te va a permitir, eliminando este gránulo, aumentar paulatinamente los grados de productividad, definiendo así un proceso de Kaizen basado en una mecánica de mínimo esfuerzo, centrándose en Pareto y en localizadores de fallos muy específicos.

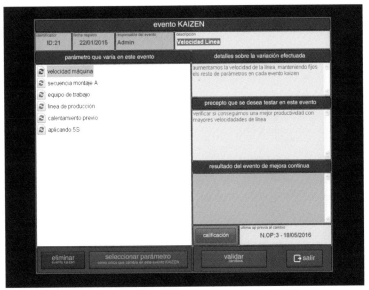

Imágenes del módulo de eventos Kaizen de iLEAN

Problemas

¿Qué problemas resuelve tener un Kaizen?

Pues la respuesta es muy sencilla: TODOS.

Todos los problemas que tú puedas tener en una planta se pueden resolver así, ABSOLUTAMENTE TODOS.

El proceso consiste básicamente en el análisis exhaustivo y monitorización de todo lo que sucede en un centro de trabajo para medir, comparar, detectar inconvenientes y entrar en un ciclo de solución-nueva medición solución-nueva medición. Esa manera metódica de trabajar con las herramientas adecuadas puede resolver todos los problemas de calidad, productividad, consistencia del producto, etc.

Hay dos cosas interesantes dentro de esa idea de todo lo que puedo resolver con Kaizen. Cuando tú arrancas la monitorización de un proceso productivo que tiene muchas variables, no sabes muy bien la razón de todas las posibles deficiencias productivas que vas a tener.

Imagínate, por ejemplo, un producto de alimentación que tiene un problema de esponjosidad, cuyo origen puede tener que ver con la temperatura del horno, con el amasado, con la cortadora, con cualquiera de los ingredientes, etc. Cuando tu escenario es demasiado complejo, con demasiados parámetros en la ecuación, el Kaizen te ayuda a resolver el problema de la dispersión y el no saber por dónde empezar.

El proceso de Kaizen descrito, como acabo de explicártelo, en 4 pasos te puede ayudar (y te recomiendo que lo hagas) a acorralar los errores fijando parámetro por parámetro, uno por uno.

Algunos errores necesitaran más ciclos para ser detectados, otros menos... pero TODOS se pueden resolver con Kaizen.

La aventura de desarrollar Kaizen en tu fábrica es un proceso sin fin. En la propia idea de Kaizen (o mejora continua) está esa esencia de ciclo sin fin. La propia TOYOTA, que será probablemente una de las corporaciones con más vocación por el Lean a escala global, invierte sin embargo cada año millones de dólares en KAIZEN para mejorar sólo unas centésimas la productividad. A través de la mejora continua, todos los procesos industriales pueden mejorarse de manera indefinida.

Soluciones

Lógicamente, en mi opinión, la solución óptima para la implementación de Kaizen en la planta es el establecimiento de un flujo de datos continuo que nos deje una monitorización exhaustiva de la actividad. Así podemos tener las mediciones de productividad exactas de cada uno de los procesos que quiero medir, y recibir esa información en tabletas o terminales por parte del personal que debe tomar las decisiones sobre si eso es adecuado o no para entrar en ese ciclo de mejora continua. Siempre con dato único; siempre con dato electrónico y fluyendo, para que el personal de control lo reciba de manera automática, sin necesidad de perseguir a nadie.

Una vez que se han establecido las mecánicas para evitar que los errores detectados en los primeros ciclos de Kaizen no se produzcan de nuevo en la elaboración, esa información debe volver a aparecer en los terminales táctiles de planta para guiar al operario en prevención antes de la puesta en marcha de cualquier orden de producción. Cerramos así un ciclo de información completamente electrónica y en dato único de medición, detección de errores, resolución de errores, introducción de mecanismos de prevención y otra vez medición.

CAPITULO 17

¿Sabes cuánto Tiempo Dedica tu Personal a cada Trabajo?

Concepto

En el punto en que nos encontramos ahora estaríamos en condiciones de tener un registro detallado para saber en qué estoy utilizando las horas de trabajo del personal en cada centro de trabajo. En realidad, este es un pequeño gran tesoro oculto detrás de la estrategia de registros del segundo nivel de control.

Este tesoro es la capacidad de, sin ningún trabajo adicional, poder saber en qué estoy usando el tiempo de mi personal en la planta y poder planificar en qué secciones me sobra o falta personal, cuál es la productividad de cada persona, y tener una información detallada de cuánto tiempo le lleva a cada operario hacer una tarea determinada.

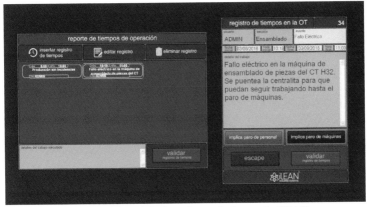

Imágenes del módulo de registros de tiempo de iLEAN

La construcción de ese pequeño modelo viene como consecuencia fluida del establecimiento de registros de segundo nivel de control y básicamente incorporan las funcionalidades de poder estimar todo lo que gira alrededor de productividad, de tiempos de personal, de maquinaria y de tipos de trabajo que se efectúan en cada centro productivo.

Problemas

Los problemas que este concepto viene a resolver son múltiples.

El primero es la posibilidad de utilizar los registros de eventos o reportes de tiempos de personal para explicar las fuentes de improductividad que se dan en la planta (la tercera pieza del Kaizen).

Pero además de este uso, puedo resolver otro problema bastante antiguo en la fábrica. Aprovechando el registro de cuánto tiempo consume cada persona en una tarea, puedo saber cuánto tiempo se consume en cada tarea dentro del centro de trabajo. Si al sacar esa totalización, me doy cuenta de que estoy utilizando 150 horas en limpieza de máquinas, puedo saber -con absoluta certeza y sin elucubraciones- si el retorno de inversión de cualquier maquinaria o equipamiento que me vienen a proponer (por ejemplo, una máquina que puede limpiar el centro de trabajo un 20% más rápido) me resulta rentable o no.

Con esa información, para mí sería tan fácil como apretar un botón para ver la cantidad de horas que yo estoy consumiendo en la operación que deseo estudiar y cuál es el valor de ahorro que la máquina en cuestión produce.

De manera que voy a poder saber si una infraestructura nueva es útil y qué retorno de inversión voy a tener en un plazo determinado sin ninguna elucubración. Porque tengo absolutamente radiografiado en qué me estoy gastando el tiempo en cada centro de trabajo en mi fábrica.

Soluciones

Desde mi punto de vista, la manera óptima de resolver estos problemas es poner terminales táctiles en cada centro de trabajo donde el personal pueda dejar registro de cada evento o incidencia productiva en la historia de reportes de tiempos que se estén midiendo de cada operación que se esté desarrollando en la planta. Así los managers reciben automáticamente esos registros de actividad de cada centro de trabajo sin necesidad de perseguir ningún dato por la planta.

Si eventualmente alguna circunstancia está produciendo que haya un sobreconsumo de jornadas de trabajo, por ejemplo, en una circunstancia en la que una máquina no esté funcionando bien y requiera que haya un compañero continuamente recolocando el producto en la línea porque se descuadra al pasar por cierto punto, yo podría ver inmediatamente esta circunstancia por los propios registros de consumos de tiempo del personal de la sección, sin tener para ello que hablar con nadie.

Esta solución pasa lógicamente por tener comunicación directa con los centros de trabajo a través de las tabletas o terminales táctiles de manera masiva y es muy interesante la posibilidad de utilizar esa información en tiempo real para poder reaccionar ante imprevistos que hacen que se desvíen las horas de trabajo del personal o rendimientos de maquinaria en determinados trabajos.

CAPITULO 18

Visión 360 de tu Personal

Nada produce un Incremento de Productividad Mayor y más Rápido que saber y Publicar los Ratios de Eficiencia de tus Centros de Trabajo

Concepto

La primera pieza de este concepto es el hecho de tener un registro detallado de cuánto le cuesta cada trabajo a cada usuario del sistema, a cada operario de la planta en cada centro de trabajo. Esta información te da una visión perimétrica de quién es quién en la planta, sin ningún tipo de doblez, 100 por 100 transparente, con registros abiertos para total conocimiento y publicación en tiempo real de esta información de tiempos de trabajo.

Es lo que en planta llamamos tener una "visión 360°" de tu personal y se alcanza como consecuencia natural de la implantación del segundo nivel de control en fábrica. Es un engranaje que fluye por completo en una secuencia lógica que va de un nivel de registro menor de control a uno mayor. Pero, en realidad, este detalle que puede parecer algo menor establece uno de los controles más sencillos pero con más potencia para elevar la productividad de tus centros de trabajo.

Sin hacer nada más que hacer saber en la planta que estamos haciendo ese tipo de registros. Todos saben que los compañeros están reportando cuánto tiempo les cuesta a cada uno de ellos hacer cada uno de los trabajos, trabajos que además están perfectamente estereotipados y que son perfectamente comparables en sus tiempos, calidades y rendimientos.

Cuando tenemos toda esa información metida dentro del sistema, la publicación inteligente de esos datos es una de las maneras más rápidas de conseguir que la productividad se eleve sin hacer absolutamente nada más.

Con esta información de base ya disponible, puede instaurarse en la fábrica una mecánica de publicación de OEEs y ratios de productividad (por equipos, por máquinas, por turnos, etc.) que fomenten la competencia sana y la motivación del personal por el trabajo bien hecho y desarrollado eficientemente.

Si alguna vez has probado publicar algún ratio de productividades medidas en la planta, por ejemplo productividades del turno de mañana vs el turno de noche, y lo has colgado en las paredes de la fábrica, te habrás dado cuenta de que, sin hacer absolutamente nada más, la productividad sube.

¿Por qué? Pura psicología humana. A nadie le gusta estar al final de una lista. De manera que, enseguida uno de los equipos empieza a enfocarse y a consagrarse paulatinamente a intentar mejorar su estatus para abandonar cuanto antes el último lugar de la lista.

Si esto sucede con un gráfico de productividades publicadas con un papel en la pared, imagínate el poder que pueda llegar a tener un sistema donde los datos de productividad se registren en tiempo real por parte de cada uno de los usuarios específicamente.

Cuando los operarios empiezan a hacer este tipo de registros, no hace falta explicarles mucho más. No hay niños en las plantas y cuando hacemos los registros de tiempos adecuados, todos van a comprender de inmediato que esa información permitirá a los managers acumular determinados datos sobre la productividad de cada persona.

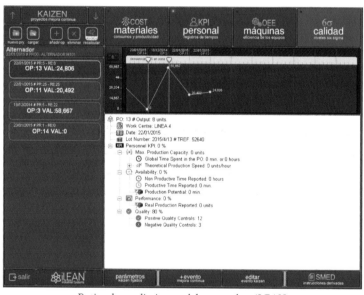

Ratios de rendimientos del personal en iLEAN

En cualquier caso, mi recomendación no es que publiques los datos al nivel individual de detalle que tienes, sino que lo hagas de manera más inteligente, y sigas publicando los datos de productividad por grupos. De esta manera no se fomenta el individualismo, sino todo lo contrario y sin embargo cualquier operario en la planta que vea publicado un gráfico de productividad y reconozca los datos agrupados, sabe también sin necesidad de hablar que, aunque estén publicados de manera agrupada, los controlers disponen de la información también detallada usuario por usuario.

Problemas

Los problemas que este concepto viene a resolver son los siguientes.

En primer lugar ataca y liquida directamente la desmotivación de todo el personal que tal vez no está dando su máximo rendimiento porque piensa que en realidad no se lo valora en forma suficiente en la empresa. Este tipo de sentimiento pasa a mejor vida, porque todo el mundo sabe ahora y en tiempo real cuál es la valía de cada compañero. En qué cosas es bueno y en cuáles no tanto. Esa información es pública desde el minuto cero si pones en práctica este concepto.

El segundo problema que también resuelve, es el recelo que a veces sucede entre compañeros por "manejar" la información de planta a mejor conveniencia de alguna facción.

Por ejemplo, mantenimiento quiere que una información se vea de una manera en relación al tiempo que una máquina está parada y producción puede tiene otra idea. Cualquier tipo de recelo alrededor de los distintos departamentos o segmentos dentro de una planta queda totalmente triturado con un sistema "paperless plant" de este tipo, porque es absolutamente transparente.

La información es pública, en tiempo real y llega en continuo. Es información DURA y no es manipulable en absoluto. Tras la puesta en marcha de un sistema de visión 360º del personal hay tanta luz que sencillamente no hay donde esconderse. Así que si uno quiere que se le valore en la planta, solo tiene que hacerlo bien y publicar sus datos en la pantalla táctil. Sabiendo que esa información volará de inmediato y sin intermediarios hasta arriba del todo del organigrama de la empresa.

El tercer problema que se resuelve es la falta de motivación del personal por alinearse con los objetivos de productividad de la empresa que a veces son poco claros o demasiado difusos. El publicado de estadísticas de productividades de diferentes grupos o turnos de una fábrica puede sumar en la línea de conseguir estas motivaciones.

Por último, si alguna vez te habías planteado poner en marcha un sistema de retribución variable y esto te generó algún problema porque la información para implementar un sistema así tiene que ser absolutamente fidedigna, el sistema de visión 360º del personal te permitirá llevar adelante tranquilamente esta metodología a la práctica y sin ningún tipo de problema de dudas sobre los datos de retribución que presentes.

Soluciones

Por un lado, una solución óptima para la construcción de este concepto en mi opinión es habilitar un sistema de información automático para registros de tiempos y ratios de productividad de cada operario.

Estos son registros personales, que por ejemplo podrían efectuarse en una aplicación corporativa desde los smartphones de cada persona implicada o desde terminales o tabletas habilitados en la planta para la cuestión. El operario sólo tiene que reportar en cada centro de trabajo, en cada orden de producción, cuánto tiempo ha estado trabajando en esa tarea. Tan fácil como eso: huir de los registros en papel y poder captar en esos registros los ratios de tiempo utilizado en cada tarea y la productividad de cada operario.

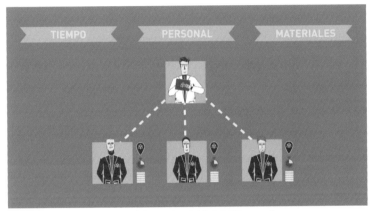

Control de Productividad del Personal

Por otro lado, también te recomendaría que para la publicación de datos, utilices en paneles luminosos auto actualizables con los datos de productividad que se están consiguiendo en cada centro de trabajo. Si, por otra parte, logras que el volcado de esta información se haga además en tiempo real, obtienes un premio añadido: es que los compañeros de planta estarán viendo sus ratios al mismo tiempo que esté sucediendo la evolución de su productividad, pudiendo en ese instante compararla con la productividad media de la semana anterior, o la de otro grupo en ese mismo momento y reaccionar inmediatamente ante un descenso de la productividad. Poniendo aún un punto más en tu potencial para hacer equipo, al mantenerles en todo momento conectados con su propia información de resultados de productividad.

CAPITULO 19

Procedimientos Autoguiados de Trabajo, la última Pieza para Implementar KAIZEN en tu Planta

Concepto

En este capítulo voy a explicarte cómo puedes cerrar el círculo del Kaizen construyendo en tus centros de trabajo una última pieza que consiste en habilitar a tu personal listas de procedimientos, auténticos checklist sobre las cosas que deben prever o tener en cuenta antes de empezar a producir para anticiparse a los problemas que eventualmente sabemos que surgirán después en ese tipo de producciones.

Este tipo de listas de trabajos preventivos o cosas a tener en cuenta se construyen sobre la propia historia de eventos de improductividad detectados por el propio Kaizen en ciclos anteriores y que ya te ha señalado en el pasado que el hecho de no haberlos tenido previstos te ha generado problemas en producciones previas.

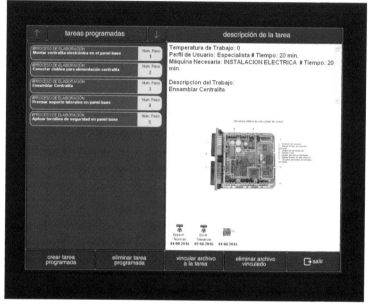

Procedimientos Autoguiados de iLEAN

Además, debes asegurar que esa información esté siempre disponible para el operario en cada máquina y en cada centro de trabajo. De manera que, antes de empezar a trabajar, el operario tendrá que decir "estoy aquí y voy a hacer ese trabajo"; y entonces el sistema le brindará la lista de trabajos de preparación y preventivos que habrá de tener en cuenta, para arrancar la producción acotando al máximo las opciones de incurrir en alguna incidencia o problema productivo.

Problemas

El primero de los problemas que este tipo de asistente de autoguiado resuelve es la posibilidad de evitar la repetición de errores en los procesos productivos. En algunas plantas no es extraño encontrarte en una observación perimétrica de los procesos, que estamos reproduciendo el mismo tipo de errores en tareas cíclicas que realizamos periódicamente. Cuando eso se detecta, inmediatamente se programa para ese trabajo un checklist que se anticipe al error en que se haya incurrido y poder así ir eliminando de manera paulatina.

El segundo problema que resuelve este concepto, es la dependencia excesiva del personal de planta. Porque la eficacia del modelo de nuestro funcionamiento industrial descansará ahora en el sistema y en la información que el sistema proporciona al personal justo en el momento en que este la necesita y no en la persona en cuestión que esté ese día desarrollando el trabajo.

Por ejemplo, si tengo que poner en marcha una fresadora y nunca lo he hecho antes, pero tengo un asistente que me guía de manera metódica y sin equívoco ninguno, no tendré problemas en realizar correctamente esa tarea. El hecho de tener toda la información disponible para todo el personal, me ayudará paradójicamente a no depender al menos de manera "insana", de cierto personal en planta pudiendo así efectuar rotaciones del personal de manera más simple y natural para tener menos problemas en ese ámbito a la postre.

La tercera circunstancia que se resuelve también de inmediato, es el puro problema logístico de disposición de documentación industrial que teníamos antes para depositar los manuales de uso al pie de las máquinas. Libretas y papeles que se ataban a las máquinas con un hilo y en las que uno tenía que pasar secciones y páginas para encontrar finalmente la que importaba para la operación a efectuar. Ahora se te facilita todo ese trabajo, porque cuentas con un sistema automático donde toda la información sensible de programación de máquinas o guías para el correcto funcionamiento sencillamente te aparecerá justo en la posición que la requieres y en el momento justo en el que la necesitas.

El último problema que también liquida este enfoque, es el hecho que a medida que tú vas trabajando más eficazmente en estos paneles "preventivos" notas cómo paulatinamente, hay una reducción de las intervenciones "modificativas" del departamento de mantenimiento de la planta consiguiendo sencillamente, al potenciar el trabajo preventivo, evitar tareas modificativas o de "reparación", lo cual aporta directamente dinero a la operación, debido a que todo el trabajo preventivo, es siempre mucho menos costoso a nivel operativo que el modificativo.

Soluciones

La solución óptima para poner en marcha este concepto que te describo pasa por habilitar una tableta al pie de máquina en el centro de trabajo de manera que, cuando el operario acceda a ella y se identifique, el sistema le diga cuál es la orden de trabajo que hay que hacer en ese momento e inmediatamente le saque un ckecklist de tareas preventivas, manuales de operación y documentación industrial que pueda precisar para desarrollar el trabajo productivo.

El operario debe validar cada uno de los puntos del checklist que tiene que realizar antes de poner en marcha esa máquina. Por ejemplo, un precalentamiento o alguna modificación como sacar un tornillo y poner otro. En esas auto guías, puede haber no solo información textual, sino también fotografías o videos temporizados de cada uno de los trabajos (entrando incluso a colación toda la mecánica SMED para reducir tiempos de cambio en la fábrica).

De esta manera, el método óptimo para mí es brindar a través de esas tabletas toda la información previa que necesitas para poner en marcha el trabajo e incluso habilitar en ellas guías con videos temporizados para que el operario sepa qué hay qué hacer y en cuánto tiempo, e incluso pueda ejecutar el trabajo a la par que visiona el video temporizado en la tableta.

En cualquier caso, el código de usuario debe quedar guardado junto con la verificación de que esos trabajos previos han sido efectuados y de esta manera nos aseguraremos de que se han realizado y conseguiremos el objetivo de prevención de errores que perseguimos en este capítulo.

CAPITULO 20

¿Cómo el departamento de Calidad de convierte en el mejor "Sensor" de Planta?

En la Planta Sin Papeles, los Controles Habituales de tu Departamento de Calidad detectan los Fallos de cada producción en Tiempo real y los convierten en Alertas inmediatas para tu Personal de Control.

Concepto

Cómo se implementa este concepto?

Si extendemos el modelo de paperless también al departamento de calidad, nos damos cuenta de que este sufre dentro de este nuevo concepto una metamorfosis brutal, pasando de ser un departamento un poco burocrático, destinado a asegurar el cumplimiento de los estándares de calidad establecidos para nuestros elaborados, a ser el más eficaz de los sistemas sensores dentro de este "sistema nervioso digital" que construye el modelo paperless plant.

Y dentro de este modelo, calidad se transforma en el sensor más potente del que se dispondrá, señalando directamente problemas constatables en el producto acabado o en el semielaborado. En tiempo real ese registro de calidad negativa se transforma de inmediato en una alerta que pondrá en marcha los procedimientos necesarios para resolver el problema productivo que esté generando ese fallo de calidad en cuanto se detecta y con la frecuencia necesaria para considerar que está dañando la productividad de la planta.

Cuando ves este concepto integrado y funcionando en una fábrica, te hace pensar en lo equivocados que hemos estado tantos años tratando a los distintos departamentos de la planta como segmentos diferenciados. Ahora nos damos cuenta de que la eficiencia de una fábrica se dispara cuando piensas en todos esos departamentos como en uno SOLO y les das cohesión a través de un sistema de comunicación común.

Problemas

El primer problema que este concepto resuelve tiene que ver con la percepción por parte de dirección general de que el departamento de calidad es un coste. No pasa en todas partes, pero es muy común y ahora con esta nueva función que este departamento encarna esta visión negativa pasa directamente a mejor vida.

El otro gran problema que queda triturado es la posibilidad de reducir al mínimo el tiempo que transcurre desde que un error de calidad (y por lo tanto productivo) es detectado hasta que se ponen en marcha los procedimientos necesarios para resolverlo. Todo el tiempo en que estamos produciendo mal (fuera de calidad) implica que irán a la basura tanto el tiempo perdido en ese trabajo, como los materiales utilizados para producir ese producto. Ahora con este nuevo concepto todo este desperdicio se evita.

Imaginemos un ejemplo de un control de peso. Supongamos que estamos elaborando un producto que ha de pesar 400 gramos puesto en el mercado. Un control de calidad mide periódicamente durante la producción si estamos por debajo o por encima de ese peso.

Si llevamos ese proceso de controles de calidad al concept del paperless plant y ese registro en lugar de en papel, se hace directamente sobre una tableta y en tiempo real, éste puede transformarse en una alerta inmediata si es necesario. En estas nuevas circunstancias, podemos no solo usar ese registro para comprobar que cumplimos con los estándares del producto, sino que también nos permite reaccionar en tiempo real y evitar un error en ciernes.

En este caso, por ejemplo, si el peso fuera superior, la alerta nos serviría para no consumir mucho más material del que estaba previsto y en el peor de los casos llevarnos incluso a romper stocks. En caso de que el error de peso se diera por debajo del estándar, una alerta del sistema paperless nos evitaría reclamaciones futuras de nuestros clientes por incumplimiento de las cantidades que rezan en las etiquetas del producto, protegiéndote incluso de la necesidad de tener que recuperar posteriormente el producto fuera de calidad y reponerlo con otro correcto con un coste aún superior al primer problema ejemplificado.

Cualquiera de los dos supuestos implica un coste brutal para la empresa y la solución a ambos problemas viene como consecuencia del trabajo colaborativo de los departamentos de calidad y de producción.

Soluciones

En mi opinión, la solución óptima para la implementación de este concepto, el hecho de que el control de calidad se transforme en sensor dentro del sistema nervioso digital de la planta del modelo paperless, es sustituir en los departamentos de calidad el papel por terminales táctiles colocados en la pared donde los compañeros del departamento dejan sus registros de manera electrónica y en tiempo real.

Alertas en planta de iLEAN

El sistema ha de tener además una serie de limitadores y estándares que hagan que, si el registro está fuera de margen, se transforme inmediatamente en una alerta.

Eventualmente también consideraría óptimo que este tipo de registros se pudieran dar desde tabletas o smartphones en los que el personal del departamento de calidad reporte la orden de trabajo en la que está trabajando, el tipo de control que está efectuando y el valor de registro en ese instante de ese control de calidad.

Ese abanico de posibilidades de inserción (todas ellas electrónicas, todas ellas en dato único) facilitaría que acopiáramos los datos de calidad en tiempo real y pudiéramos disponer de ellos de manera electrónica para poderlos filtrar y transformarlos de alertas de manera automática, para finalmente tener toda esa información, sin necesidad de tipeado, ya en la computadora, siempre disponible y vinculada a las producciones efectuadas en cada orden de producción.

CAPITULO 21

Diseño y Construcción de nuevas Estructuras Industriales a partir de Monitores de Actividad de Planta...

Concepto

Qué otra utilidad, puede tener toda esta monitorización exhaustiva de la actividad productiva que estamos acopiando con las distintas piezas de control que hemos ido ensamblando en todos los capítulos de este libro?

La situación es que ahora tenemos una manera de poder saber; todas las transacciones que suceden en una fábrica punto por punto, centro de trabajo por centro de trabajo, al detalle. Podemos saber tamaños medios de los paquetes, cuántos paquetes nuevos, qué peso tienen, si son congelados, si son en frío, si son en seco, qué volúmenes tienen, si son líquidos, qué características tienen, si se pueden transportar de una manera o de otra, si necesitan ir a un tipo de cámara u otra, cuál es el trasiego exacto, hasta dónde son cada una de las transacciones que se efectúan, cuánto personal tienes, si están sobrecargados, si hacen las transacciones, a qué hora las hacen, si se pueden solapar, si hay un cuello de botella, si no lo hay...

Es decir, el concepto del paperless plant cuando se implemente eficazmente, termina acumulando una monitorización súper exhaustiva de todo lo que está sucediendo en la fábrica. Si como hemos analizado anteriormente, esta información es valiosísima para poder analizar cualquier modificación o mejora que se incorpore en una máquina, en un centro de trabajo o en una línea de producción, o en una pequeña modificación de infraestructura que estoy ahora mismo utilizando, imagínate cuál es el valor que puede llegar a tener a la hora de evaluar la idoneidad de una nueva infraestructura que estás preparando para tu empresa en el futuro.

He visto millones perderse cada año en infraestructuras que se diseñaron por encima o por debajo de su necesidad. Infraestructuras productivas, bodegas, almacenes totalmente sobredimensionados que no se utilizan. O todo lo contrario, en una misma fábrica almacenes totalmente sobresaturados y otros infrautilizados.

La manera tradicional en la que se han hecho los diseños industriales en las plantas en el pasado se basa en el juicio de expertos. Es tan fácil como, si estamos haciendo una planta alimentaria de lácteos, buscar un ingeniero que tenga experiencia en esas lides.

Pero el problema básico es que cada empresa tiene su propio ADN y ese ADN está conformado por el mercado que cada empresa cubre. De manera que por lógica cada empresa trabajará precisamente para "diferenciarse" del resto y buscar su nicho o segmento en el que desarrollarse, de manera que ni siquiera empresas que se dedican al mismo sector industrial, en la misma zona o incluso que se centren en el mismo producto, van a tener normalmente las mismas necesidades productivas.

¿Por qué? Porque tal vez una de ellas esté trabajando en sector de venta al retail y la otra sea más fuerte en la venta directo al cliente o a su distribución, etc. Sin embargo, esas características que las diferencian del resto impactan absolutamente en cuál es la infraestructura que esa fábrica específica necesitará, y por lógica no será la misma para todas. Por eso, cuando cogemos a un experto y le pedimos que nos diseñe una fábrica similar a la de un competidor, estamos cometiendo probablemente el mayor de los errores.

Y el gran problema de este mundo de la ingeniería industrial, es que la mayoría de estas fábricas se diseñan precisamente siguiendo ese modelo antiguo del "juicio de expertos", encargando a un ingeniero con experiencia en el ámbito que me interesa que diseñe nuestra fábrica, a menudo con una idea preconcebida de cómo ésta debe ser y a veces incluso "inspirada" ya en alguna otra planta de algún competidor.

Personalmente, yo no creo que esa sea la mejor manera de hacer un buen diseño industrial y entiendo que precisamente ahí está la razón por la que tantas fábricas supuestamente bien diseñadas tengan problemas de dimensionamiento.

Para hacer un buen diseño, yo creo solo en el dato duro y mi recomendación en esa línea es que, antes de hacer una nueva infraestructura, coloques terminales táctiles en tu planta vieja y durante un período de, al menos, tres meses monitorices toda la actividad, todas las transacciones. De esta manera podrás llevar gran cantidad de datos al ingeniero que tiene que construir la nueva infraestructura, ayudándole a que te haga un mucho mejor trabajo. Tu fábrica cambiará de lugar pero no de ADN y con seguridad va a necesitar una misma cosa pero con dimensiones distintas.

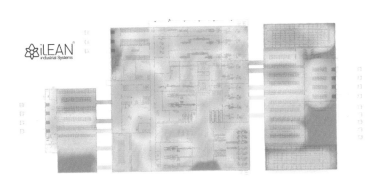

Termografía de actividad en planta tomada con el sistema iLEAN

Para poder estar convencido de que estás asegurando un mínimo de eficacia e idoneidad a la nueva estructura para tu nueva construcción, debes solicitar una simulación en la que los monitores de actividad de la planta vieja se pasen a través del diseño de la nueva planta y se plantee una imagen termo gráfica de cargas, sobrecargas o cuellos de botella antes de poner la primera piedra.

En el caso de que tu infraestructura sea de gran tamaño, te conviene hacer una simulación también de las translaciones de tus transportes, tanto de llegada de materia prima como de envío a clientes, con simulaciones de posicionamiento tanto de la fábrica como de almacenes de cross docking, almacenes de puntos temporales de redistribución, etc.

Mi recomendación es que en cualquiera de los casos, hagas siempre una simulación de cargas, teniendo en cuenta esas monitorizaciones de actividad de llegada y de envío con las distancias que deberás recorrer en cada caso, para encontrar también la ubicación idónea para tus nuevas infraestructuras.

CAPITULO 22

Lean Manufacturing 4.0 un Cambio que Marca ya la línea Roja de la Supervivencia

Concepto

Por último me gustaría hacer una reflexión sobre algunos comentarios que se siguen escuchando de responsables de división en todo tipo de empresas industriales, cuando uno trata de explicar un poco esta tendencia en el ámbito del control industrial que están viniendo a escala global.

Esta tendencia imparable hacia la eficiencia, viene forzada absolutamente por la situación de la industria a nivel global en Occidente y sin embargo, detrás de la explicación dura, detallada y sólida (como la que te estoy dando en este libro, con argumentos absolutamente inapelables) no es extraño oír, aun estando de acuerdo con que ese es el futuro a medio plazo, que ellos de momento van a seguir funcionando como hasta entonces.

En mi humilde opinión, creo que eso no va a poder seguir siendo así en adelante. Creo que en un tiempo muy corto, el trabajar con una mecánica alineada a lo que hoy les he descrito, no será algo opcional.

Debido a la enorme presión que Occidente sufre por la globalización de su mercado, esa diferencia será algo que a menudo marcará la raya entre la supervivencia o no de una fábrica en nuestros países.

Hace unos años uno podía ver claramente cómo en cualquier ámbito de la industria las fábricas tenían dos maneras de sobrevivir aun cuando llegaran competidores capaces de hacer aquello mismo que ellos desarrollaban de una manera más económica a unos ratios de calidad comparables.

Una de estas dos alternativas para sobrevivir era buscar un nicho sobre la fuerza de la localidad. Es decir, yo vivo en Chicago, tengo una fábrica allí y mi radio de acción cubre la zona próxima a la ciudad. Sobre Bogotá no tengo ninguna fuerza, pero en Chicago no entra nadie porque yo soy muy sólido aquí.

La otra alternativa era buscar un nicho dentro de la gama de productos que teníamos. Tenemos una fábrica de muebles. Terminamos haciendo de manera diferenciadora sólo mesitas.

Pues bien, este refugio por micro segmentación, ha permitido a muchas industrias navegar desde los 80 hasta hoy.

Pero, en mi opinión ese camino simplemente ya ha llegado a su fin.

La globalización ha roto definitivamente esas fronteras. Y hoy en día, si uno está fabricando mesitas en Chicago, habiendo un caballero en la otra punta del hemisferio, en Pekín, haciendo ese mismo tipo de mesitas, y pretende que la gente de su área compre su mesita simplemente porque vive cerca de él, es que está más perdido que un algarrobo en el mar.

La globalización del mercado nos ha mostrado durante estos años que no pasa nada por comprar lo que necesites en cualquier lugar del mundo. Y este mensaje ha calado también en el comprador, el importador y el mayorista. De manera que, pienso que hoy en día ese ya no es un refugio seguro para ninguna fábrica.

Por otro lado, en Asia está ya haciéndose producción de artículos muy específicos y segmentados. Así que, tal vez cuando todo este fenómeno empezó, era posible coger un nicho en un producto que no fuera fácil producir masivamente en Asia. Pero esos nichos se han ido reduciendo cada vez más.

En mi opinión, ahora en Occidente ya sólo queda el hueco de ser muy eficiente para implementar una fábrica muy flexible, capaz de producir tiradas pequeñas de una manera muy eficaz. Y si lo piensas, la manera de llevar a cabo este reto no está en pensar sólo en automatización o maquinaria. Ya que, aunque la maquinaria nos puede ayudar, a veces trae también consigo poca flexibilidad en el mismo paquete, y eso hoy no es viable en Occidente. Simplemente porque no tenemos ese punto de mano de obra barata (comparada con Asia) que la producción de volumen requiere para establecerse en un lugar.

En mi opinión, el nicho que nos queda es utilizar la metodología LEAN, para construir fábricas rápidas, híper eficientes, eficaces pero sobre todo flexibles y que sean capaces de serlo sin perder por eso productividad.

Por último, si esto fuera poco, te diré que las tendencias internacionales en las legislaciones de calidad y seguridad de procesos que se normativizan dentro de Occidente también se van a endurecen. Si estás en el ámbito de la industria agroalimentaria y tienes a los Estados Unidos en tu área de influencia debes tener en cuenta que la FSMA está a punto de entrar en vigor y promete cambiar drásticamente el mercado exigiendo niveles de trazabilidad nunca antes pedidos en EE.UU. Esta nueva normativa, sólo viene a unirse a las otras leyes que ya anduvieron el camino previo a esta. Y como ya sabes, la trazabilidad enfocada de manera inadecuada es un coste que lastra el negocio.

Así que puedes estar seguro de que en no más de 10 años una industria no controlada en la manera que te describo sólo será posible en mercados asiáticos. Y desde lo más sentido de mi compañerismo, te diría que explores todas las alternativas que encuentres en el mercado, pero que con la herramienta que desees y utilizando papel o no, te pongas a trabajar en el sentido que hemos compartido durante estas horas.

Para poner entre todos nuestro granito de arena y ofrecerle a nuestro mundo una manera viable de conservar nuestras industrias en Occidente.

BIBLIOGRAFÍA RECOMENDADA

- La Máquina que Cambió el Mundo. Por J.P. Womack, D.T. Jones
- El sistema de Producción Toyota. Por Taiichi Ohno
- Soluciones Lean. Por J.P. Womack, Daniel T. Jones
- Las Claves del éxito de Toyota. Por Jeffrey K. Liker
- Gemba Kaizen, low cost approach to management. Por Masaaki Imai
- Gemba Walks. Por James P. Womack
- Making Materials Flow. Por R. Harris, C. Harris, E. Wilson
- Toyota Culture. Por J.K. Liker, D.P. Meier
- Producir Just in Time. Por J. Bounine, K. Suzaki
- Workplace Management. Por Taiichi Ohno
- Lean Production Simplified. Por Dennis Pascal
- Lean Thinking, Banish waste and create wealth in your corporation. Por James P. Womack y Daniel T. Jones
- Learning to See, Value stream mapping to add value and eliminate muda. Por Mike Rother y John Shook
- The Lean Design Guidebook, Everything your Product Development Team Needs to Slash Manufacturing Cost. Por Ronald Mascitelli
- Real Numbers, Management Accounting in a Lean Organization. Por Jean E. Cunningham, Orest Fiume y Emily Adams
- Gestión del Flujo de Valor. Por D. Tapping. T. Luyster, T. Shuker
- Competitividad en la fabricación. Por Kiyoshi Suzaki
- Fabricación sin stocks. Por Shigeo Shingo
- Diseño de Células de Fabricación. Por Kenichi Sekine
- Design and analysis of Lean Production systems. Por R. Askin, J.Goldberg
- Creating Level Pull. Por Art Smaley
- El JIT. Revolución en las Fábricas. Por Hiroyuki Hirano

CPSIA information can be obtained at www.ICGtesting.com
Printed in the USA
LVIW01n0905170818
587278LV00001B/1